国家最高科学技术奖获得者书系

科技是国家强盛之基
创新是民族进步之魂

国家最高科学技术奖获得者书系

刘东生的故事

黄玲君 ◎ 著

时代出版传媒股份有限公司
安徽少年儿童出版社

图书在版编目(CIP)数据

刘东生的故事／黄玲君著.—合肥：安徽少年儿童出版社，2015.3
（2022.1重印）
（国家最高科学技术奖获得者书系）
ISBN 978-7-5397-7429-9

Ⅰ.①刘… Ⅱ.①黄… Ⅲ.①刘东生（1917～2008）-生平事迹-青少年读物 Ⅳ.①K826.14-49

中国版本图书馆 CIP 数据核字（2014）第 255515 号

GUOJIA ZUI GAO KEXUE JISHU JIANG HUODEZHE SHUXI LIU DONGSHENG DE GUSHI
国家最高科学技术奖获得者书系·刘东生的故事　　　　　黄玲君　著

出版人：张堃	策　划：何正国　阮征	责任编辑：张万晖
责任校对：王媛媛	装帧设计：潘易	责任印制：田航

出版发行：时代出版传媒股份有限公司　　http://www.press-mart.com
　　　　　安徽少年儿童出版社　　E-mail：ahse1984@163.com
　　　　　新浪官方微博：http://weibo.com/ahsecbs
　　　　　（安徽省合肥市翡翠路 1118 号出版传媒广场　邮政编码：230071）
　　　　　出版部电话：(0551)63533536（办公室）　　63533533（传真）
　　　　　（如发现印装质量问题，影响阅读，请与本社出版部联系调换）
印　　制：阳谷毕升印务有限公司
开　　本：635mm×900mm　　1/16　　印张：13　　插页：4　　字数：130 千
版　　次：2015 年 3 月第 1 版　　2022 年 1 月第 4 次印刷

ISBN 978-7-5397-7429-9　　　　　　　　　　　　　　　　定价：32.50 元

版权所有，侵权必究

★ 国家最高科学技术奖 ★

国家最高科学技术奖于2000年设立,是中国科技界的最高荣誉。国家最高科学技术奖授予在当代科学技术前沿取得重大突破或者在科学技术发展中卓有建树,在科学技术创新、科学技术成果转化和高技术产业化中创造巨大经济效益或社会效益的科学技术工作者。

国家设立国家最高科学技术奖奖励委员会,聘请有关方面的专家、学者组成评审委员会,负责国家最高科学技术奖的评审工作。每年获得国家最高科学技术奖的科学技术工作者不超过两名。

国家最高科学技术奖报请国家主席签署并颁发证书和奖金。奖金数额由国务院规定,为500万元。其中450万元由获奖者自主开发选题,用作科研经费;其余50万元归获奖者个人所得。

历届国家最高科学技术奖获奖名单

2000 年　　吴文俊：数学家，中国科学院院士、第三世界科学院院士

　　　　　　袁隆平：杂交水稻育种专家，中国工程院院士

2001 年　　王选：汉字激光照排系统创始人，中国科学院院士（学部委员）、中国工程院院士、第三世界科学院院士

　　　　　　黄昆：物理学家，中国科学院院士（学部委员）、第三世界科学院院士

2002 年　　金怡濂：高性能计算机领域的专家，中国工程院院士

2003 年　　刘东生：地质学家，中国科学院院士、第三世界科学院院士

　　　　　　王永志：航天技术专家，中国工程院院士

2005 年　　叶笃正：气象学家，中国科学院院士

　　　　　　吴孟超：肝脏外科专家，中国科学院院士

2006 年　　李振声：遗传学家，中国科学院院士（学部委员）、第三世界科学院院士

2007 年　　闵恩泽：石油化工催化剂专家，中国科学院院士（学部委员）、中国工程院院士、第三世界科学院院士

　　　　　　吴征镒：植物学家，中国科学院院士（学部委员）

2008 年　　王忠诚：神经外科专家，中国工程院院士

　　　　　　徐光宪：化学家，中国科学院院士（学部委员）

2009 年　　谷超豪：数学家，中国科学院院士（学部委员）

　　　　　　孙家栋：运载火箭与卫星技术专家，中国科学院院士

2010 年　　师昌绪：材料科学家，中国科学院院士、中国工程院院士、第三世界科学院院士

　　　　　　王振义：血液学专家，中国工程院院士

2011 年　　吴良镛：建筑与城乡规划学家，中国科学院院士（学部委员）、中国工程院院士

　　　　　　谢家麟：加速器物理学家，中国科学院院士（学部委员）

2012 年　　郑哲敏：力学家、爆炸力学专家，中国科学院院士、中国工程院院士

　　　　　　王小谟：雷达工程专家，中国工程院院士

2013 年　　张存浩：物理化学家，中国科学院院士（学部委员）、第三世界科学院院士

　　　　　　程开甲：核武器技术专家，中国科学院院士（学部委员）

2014 年　　于敏：核物理学家，中国科学院院士（学部委员）

目 录

第一章　童年时光　　　　　　　　　　　　1

第二章　奉天省立第二小学　　　　　　　　6

第三章　皇姑屯　　　　　　　　　　　　　10

第四章　南开之子　　　　　　　　　　　　17

第五章　国难当头——中学时期　　　　　　24

第六章　西南联大　　　　　　　　　　　　30

第七章　改学地质　　　　　　　　　　　　37

第八章　求学之路　　　　　　　　　　　　44

第九章　艰苦的大学生活　　　　　　　　52

第十章　"跑警报"　　　　　　　　　　57

第十一章　毕业前后身患胃病　　　　　　65

第十二章　在抗战服务团空军招待所的日子　71

第十三章　告别双亲，踏上征程　　　　　82

第十四章　加入中央地质调查所　　　　　87

第十五章　难忘北碚　　　　　　　　　　95

第十六章　研究黄土之前从事的工作　　　99

第十七章　黄土之缘　　　　　　　　　　106

第十八章　黄土之惑	110
第十九章　第四纪研究和黄土	115
第二十章　"十条大剖面调查"与"新风成"学说	123
第二十一章　国际第四纪研究联合会大会告捷	128
第二十二章　蓝田遗憾	138
第二十三章　希夏邦马峰登顶	143
第二十四章　青藏高原科学考察结硕果	150
第二十五章　力捐克山病重任	156
第二十六章　地质学与人类健康	161

第二十七章 重返北京筹备盛会 **166**

第二十八章 国际第四纪研究联合会掌门人 **173**

第二十九章 三极探险 **177**

第三十章 获泰勒(Tyler)国际环境成就奖 **183**

第三十一章 获国家最高科技奖 **188**

第三十二章 罗布泊传奇——征途未有止境 **193**

第一章

童年时光

　　1917年11月22日,在沈阳市郊区皇姑屯一个普通的铁路职工家庭,一个小男孩在全家人的殷切期盼中呱呱坠地了。这个小男孩就是后来成为著名地质学家的刘东生。

　　刘东生祖籍天津。远在明朝时,他的祖上在军队里服役,因跟随明成祖朱棣四处征战而到了北方,后来就在天津卫安家落户了。刘东生的祖父母养育了两男两女四个孩子,排行最小的叫刘福瑞,字辑五(1894—1974),就是刘东生的父亲。

　　那正是清朝末年,内忧外患,民不聊生。生在这样的时代,刘辑五从小就品尝到生活的艰辛——五岁丧母,由姐姐把他带大;因为家里贫穷,念不起书,很小就随父亲在一家小药材铺里打工了。刘辑五是一个心思细腻、好学上进的孩子,一边打工,一边学习认字,小药材铺里那一方方药斗上的药材名被他一个一个地学会了,并且背得滚瓜烂熟,帮助父亲抓药方很是麻利。

那些年中国正处在改朝换代的激烈动荡之中,1911年10月10日,辛亥革命爆发,推翻了两千多年的封建帝制;1912年1月1日,孙中山在南京宣誓就职临时大总统,改国号为中华民国,并成立中华民国临时政府;3月10日袁世凯在北京就任临时大总统,篡夺了革命果实。中国进入了军阀混战的时期。

由于全国各地军阀混战,山东、河北、河南有大批民众为逃避战火移民关外。这时,自我感觉长大了的刘辑五为了生计,也加入到这股闯关东的潮流中,告别祖先开拓的桑梓之地,继续往北走,先到大连,后到沈阳皇姑屯。

1912年,连接关内外的京奉铁路由北京正阳门东站至奉天(今沈阳)站全线通车,这条铁路从大小皇姑屯之间穿过,并在皇姑屯设站。皇姑屯车站开通后需要工人,刘辑五就在英国人管理的京奉铁路皇姑屯车站谋得一份工作并安顿下来。京奉铁路的工程师、车站站长、段长、财务负责人等职务大多由英国人担任。在车站做事,会英语的中国人很受重视,因此,刘辑五在努力工作之余,靠着坚强的毅力,苦学英语,很快就掌握了一定的英语知识,受到上级管

刘东生父亲刘辑五和母亲赵博直

理者的信任和重用。由此,他体会到了学习知识的重要性,学习至上的朴实思想也贯穿他的一生。他的勤勉奋斗的精神通过言传身教,为他的儿女们所效仿。生活安定下来的刘辑五很快就结了婚,娶了妻子赵博直(1897—1983),生下儿子刘东生。到刘东生上小学时,他父亲已成为了皇姑屯车站的副站长。

和天下所有望子成龙的父亲一样,刘辑五对这个头生儿子寄予了厚望。从牙牙学语开始,刘辑五就十分重视儿子的教育,耐心地教他识字、习字、背古诗等,培养他良好的学习习惯。而刘东生也没有辜负父母的期望,从小就聪明的他悟性强,偶尔和妈妈一起到爸爸上班的车站接送客人的小东生还凭着耳濡目染学会一些简单的英语,受到大人们的夸奖。

上小学之前是小东生最无忧无虑的时光。那时他没事总喜欢缠住大人问一些奇怪的问题,如天上的小鸟为什么会飞啊、鱼儿为什么能在水里游。父亲总是和气地用自己的理解方式解答他的问题,母亲则会在一旁慈爱地望着他。

更多的时间,他喜欢和小伙伴们到大自然中玩耍。他们的家就坐落在沈阳郊外的一个小村子里,这里邻山近水,景色优美。特别是到了夏季,草长莺飞,空气中都能闻到大自然散发出的热烈的生命气息,闭上眼就能听到各种虫鸣,甚至还有草木拔节的啪啪声。这时节,小东生经常和小伙伴们一起到河边捡贝壳、找卵石或到桦树林子里捉虫子、下"五龙棋"。他对各种昆虫产生了浓厚的兴趣,可以一口气说出很多种昆虫的名称,还很清楚各种昆虫的习性和特点。多年以后,刘东生还在为当年因为年幼无知对昆虫犯下的错误愧疚不已。那是一天早晨,他和小伙伴们把抓到的许多美丽的昆虫,放在一个铁盒子里面带回了家。到了晚上,他才发现因为天气闷热,昆虫都被闷死了,为此,小东生伤心地大哭了一场,还为昆虫们"默哀"了三分钟。这也让他在以后的岁月里倍加珍惜大自然中的小生命。有一颗对大自然的一切感到好奇的"赤子之心"是多么重要啊!因为好奇才会设法去寻找答案,或者这样正是后来促使刘东生不断创新、获得成功的人生真谛。

这种融入自然的乡村生活给小东生带来无穷的乐趣。神奇、美丽的自然滋养了他的心灵,培育了他丰富的想象力,激发了他对自然的好奇心和探索的欲望。

小东生对大自然的热爱与日俱增,自然的美也深深吸引了他。有一次,他家附近的一个村子放电影,疼爱他的父亲带他一起去了。那是一部关于西藏的电影,说的是一个人去西藏旅游探险的故事。透过探险者的眼光,电影展现了神奇的西藏风光:圣洁的雪山、陡峻的峡谷、辽阔的草原、成群的牛羊、奔驰的骏马,奇异的天葬……虽然只是自拍的黑白画面的无声电影,但小东生完全被那些美丽的画面震撼了,他从中感受到一种原始的强大力量,这种力量仿佛在吸引着他、召唤着他去探究这块拥有神秘魅力的土地。刘东生曾说过,他一生迷恋大自然,这个电影对他的人生产生了重大的影响;他一生都为西藏魂牵梦萦,总共去了七次西藏,每次都有新感受,都有新收获。

对大自然的热爱萌发了刘东生探究大自然奥秘的信念,也促使他在今后的岁月里不断去追求、去探索。刘东生的魅力人生就是从魅力无穷的大自然开始的,他为之奋斗一生的科学事业一时一刻都离不开大自然,不管是他后来做的地质勘探,还是科学考察,乃至动植物化石研究,都与大自然密不可分。刘东

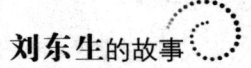

生是大自然的孩子,他自幼就接受了大自然的眷顾,成年后又痴迷于对大自然的研究。地质研究既是他对大自然的回报,也是大自然对他的另一种形式的恩赐。

第二章

奉天省立第二小学

在当时,刘东生一家的生活水平属于中下层有产者,有着基本温饱的生活条件作保证。平时,家里的经济条件也不算宽裕,靠着母亲省吃俭用,一点一滴地节俭压缩生活开支,为刘东生创造一个良好的学习环境。小小年纪的刘东生已经懂得生活的艰难,十分珍惜自己接受教育的机会,懂得刻苦用功学习。

到了1924年春季,也就是刘东生七岁的时候,父亲想方设法托人让他上了当时比较有名的小学——奉天省立第二小学(后来改为市立第一小学,即现在的沈阳市三经路小学)。

奉天省立第二小学校园很大,有三十多个班级、两千多名小学生,在当时这可是当地最大的小学了。当时学校春、秋季都招生,每级只差半年。校长姓郭,很重视小学生的德育和智育培养。学校师资力量很强大,加上刘东生学习认真刻苦,学习成绩在班上名列前茅,为以后的深造打下了良好的基础。

有人说过,儿时的记忆就像是刻在石板上,成年的记忆就像是黑板上的粉笔。一个人童年的记忆是刻骨铭心的。刘东生在上小学时,遇到了几位好老师,他们对刘东生的性格气质养成起到了重要作用。

一个是刘东升小学时期的郭校长,他是一位令人尊敬的爱国主义者,在他的办学思想里,爱国主义教育是最好的人生启蒙教育。郭校长经常教育学生,要和他们学校隔壁日本人开办的"寻常小学"竞争,不能输给他们,要自强不息,敢于争先。

另一个是刘东生的班主任、教他们国文和地理的林老师。他常给同学们用讲故事的方式讲解一些著名的历史事件,比如他讲述20多年前在中国东北发生的日俄战争,日俄战争期间,中国东北是双方陆上交锋的战场,当地人民遭受空前的灾难,生命财产遭受巨大的损失。日、俄侵略者强拉中国老百姓为他们运送弹药、服劳役,许多人冤死在两国侵略者的炮火之下,更有成批的中国平民被日俄双方当作"间谍",惨遭杀害。因为林老师年轻时就曾被俄国人抓去做劳工,九死一生,刻骨铭心。林老师用自己的苦难遭遇告诉同学们,这场战争不仅是对中国领土和主权的粗暴践踏,而且使中国东北人民在战争中遭受了巨大的伤亡和损失。后来日本人把俄国人打败了,但是战败国俄国"不割寸土,不赔一个卢布"(尼古拉二世语),却要中国人民去接受战胜者日本的宰割。听着林老师激昂的讲述,刘东生和同学们内心感到极大的愤慨,同学们的爱国热情也被进一步激发了。

林老师经常用古文上的名言警句来教育学生,他特别欣赏北宋著名军事家、民族英雄岳飞的警句:"文臣不爱钱,武将不惜死,天下太平矣。"他讲述了"岳母刺字""精忠报国"的故事,还用毛笔、宣纸写了一些"博学慎思,勤学笃行""学如逆水行舟,不进则退"等名言警句张贴在教室的墙上激励同学们。当刘东生读到其中的"正心、修身、齐家、治国、平天下"的时候,他幼小的心灵总会产生一丝莫名的冲动。

在日常课业要求上林老师也十分严格,一些课文是必须要求背熟的,像《陋室铭》《过零丁洋》等。刘东生背书认真,一丝不苟,许多课文都是在那时背熟,终生不忘的。那时,老师是可以体罚犯错误的学生的。老师对学生一般都十分的严厉。留的作业,不但第二天必须要上交,而且必须要做对才可以。如果不小心做错一道题就打一记手板,十道题十记手板,毫不客气。在当时的历史条件下,遇到这样一些严格的老师,养成注意听讲、认真做作业的良好习惯,对刘东生的终生都产生很好的影响。

如果说,书上的知识还不够直接,那么残酷的现实让他更加清醒地认识到国人当自强。有一天,刘东生和几个同学放学后路过隔壁日本人开办的"寻常小学",这是一所在当时拥有最好的教学设施和设备、室内运动馆等国内少见的教学场馆一应齐全的贵族学校。他们正在对学生进行反华教育,刘东生很远就听到了搏击和嘶喊声,走近了,看

刘东生童年照

到是那些学生正在练习日本的剑道。他们穿着藤衣，戴着面罩，手持木剑，劈刺冲杀，肆无忌惮的叫喊声十分刺耳，分明是在中国的土地上炫耀日本的武力。同学们都感到愤愤不平。刘东生不禁想起他们新学期开学时的一件事，当时班上来了一位年纪较大的朝鲜同学，日俄战争后，20世纪初的朝鲜已全面沦为日本列强的殖民地，有的同学就以此嘲笑这位朝鲜学生，骂他是"亡国奴"。而眼前日本小学的这个厮杀景象深深刺痛了刘东生和同学们。刘东生他们心里很清楚，如果再不警醒，再不发奋图强，自己也要沦为亡国奴了。

通过残酷的事实，刘东生初步建立了爱国主义思想，他和同学们明白：只有国家富强，人民才能幸福地生活；只有自强不息，奋发学习，长大了才能报效祖国。

在第二小学，每天早上出早操时，刘东生和同学们都要高唱嘹亮的校歌，那是郭校长为了培养小学生们的爱国热情而精心谱写的，主题就是为祖国的强盛而学习。多年后，刘东生已记不清这些歌词了，只记得开头是"我校位居商埠中，集合吾侪，夙兴夜寐"、结尾是"为国干城""奋鹏程"等句子。这些激昂斗志的歌词，虽然它的含意当时刘东生并不完全懂，但无形中对人生观和性格的形成，还是起到潜移默化的作用。

第三章
皇姑屯

说起刘东生的出生地沈阳皇姑屯,可是个大有来历的地方。这里离沈阳旧城不过五千米远,在这块土地上发生的故事在沈阳乃至中国近现代史上都是颇有影响的。

皇姑屯的古老历史甚至可以追溯到新石器时代,此处的新乐遗址是古文化遗址。清朝初年,这里还只有少数几户看守王公坟地的坟丁人户散居于此,大约在康熙乾隆时期已经形成居住群落,初名"黄桂窝铺"。为什么后来又叫作皇姑屯呢?

这和民间传说有关,其中有这样一段故事最为著名:一生酷爱东游西逛的乾隆帝有一次去北陵祭祖之后逛到城西观景,遇到了狂风大雨,躲避在一户人家,这家母女以好饭好菜招待了乾隆帝,乾隆一时感动遂收这家的女儿为"义女"。后来,这位"义女"在其母病故后守孝三年,忧思成疾也跟着故去。乾隆皇

帝感其孝心,吟诗述怀曰:
> "昔日雨倾盆,光临蓬苹门。
> 漂母征饭信,一饭值千金。
> 生死已知己,存亡两妇人,
> 清史出忠烈,八德皇姑坟。"

这个美丽的传说可以说明两点:一是此处的风景迷人,二是这里人杰地灵。

刘东生的家就坐落在皇姑屯车站附近,虽说偏僻了些,但周围有许多的农田,有一条美丽的小河缓缓流过。夏天,他很喜欢在河滩边玩耍,捡贝壳、捉小鱼、捕蜻蜓。一个沉醉于大自然的孩子,他得到的无边的乐趣,也为他以后献身地球环境科学事业埋下种子。

刘东生小时候的皇姑屯,秋季天高气爽,气候宜人,天蓝蓝,水清清,乡野里长满了各色树种,特别是那些高大的松树和钻天的白杨树,好像一会儿在向你招手,一会儿又看不到了。刘东生小时候发明了一种和大树捉迷藏的游戏,就是先认准一棵树,做上记号,然后闭上眼一口气跑到很远地方,等到记不起跑到哪里了,再回过头来慢慢找那棵做了记号的树。这个寻找的过程看似简单,对小小年纪的他来说却充满了刺激和挑战。小东生通过这个游戏不仅锻炼了记忆力和观察力,同时还树立起认真执着、不怕困难的勇气和信心。

有一天下午,他自己一个人又玩起了找大树的游戏,他找了好久也没有找到那棵树,他觉得那棵树也许再也找不到了。正在这时起风了,眼看着天上要下雨的样子,可是他还是没有放弃,终于在天黑前找到了那棵做了记号的树。他兴高采烈地跑回家去,那个高兴劲,好像打了一场大胜仗一样。还没到家,天上就下起了大雨,把小东生淋成了落汤鸡,可是他一点都没有觉着难受,因为他明白了一个道理,只要努力,没有什么事情是做不成的。

历史有时好像精心排演一样,刘东生的宁静生活不久就被日本帝国主义制造的爆炸声打破。在刘东生十一岁那年,他亲历了震惊中外的"皇姑屯事件"。说起这件事情的始末,真像一部好莱坞大片,悬念丛生,发人深思。

"皇姑屯事件"发生时,刘东生的父亲刘辑五已是皇姑屯车站的副站长,历史就是如此巧合,让刘东生能够在当时亲身体验帝国主义的蛮横以及给中国人民带来的伤害。他后来还能清晰地回忆起那天晚上的情景。

1928年6月3日傍晚,沉沉的太阳仿佛预感到了即将到来的爆炸事件,迟迟不忍落入西边的云丛。夜幕还没有完全降临,

刘东生(后)与姐(前左)妹(前右二)和两个弟弟在一起

露珠已在草丛中一点一滴地凝聚滚动,整个大地涌动着一股巨大的潮闷,空气战栗着,仿佛有着暴风雨到来前的莫名紧张。

这天晚上,作为副站长的刘辑五正在站台值班,他发现,这一天的车次也不同寻常,以往这个时候的列车(客车和货车)车次并不太多,可是临近深夜时分,车次忽然异乎寻常地多了起来,一列列频繁驶过的列车让刘辑五的心中浮起了一丝紧张和不安,不知道将会发生什么事。

刘东生的母亲在车站的喧闹中一直没有睡,她在担心和惦记着值班的丈夫,她还要安顿照顾好孩子们。孩子毕竟是孩子,外面的喧闹对他们没有太多影响,三个儿子、一个女儿、一个侄女一一睡着了。

朦胧的夜色中,就在刘东生他们一家看不到的地方,有一小队化装成国民党南方军便衣队的人影在铁轨上诡秘地走动、忙碌着,挖洞、埋炸药、布置导火索。其实,他们是日本关东军的铁道爆破小分队,他们本次行动的目的就是炸死张作霖,并嫁祸给南方军。

张作霖的军车将要通过的地点也是刘东生父亲工作的地点皇姑屯车站通往沈阳的老道口。这里还是英国人控制的京奉铁路(今沈山铁路)与日本人控制的南满铁路(今哈大铁路)的交叉路口。南满铁路桥与下面的京奉铁路呈立体交叉,平时南满铁路桥上就有日本兵巡逻,不让百姓上桥,出事前几天戒备异常森严,来回巡逻频繁。

当天晚上,探照灯撕开残存的夜幕,一列火车高速驶来,奉系军阀首领张作霖出关急忙赶回他起家的东北。隆隆驶近的专列共有22节车厢,是清朝慈禧太后用过的"花车"改装的,装饰非常华丽。他乘坐的 80 号包车在中间,包车厢后是餐车,前边是两节蓝钢车,如此豪华的专列在当时是很罕见的。张作霖前几年着实风光了一阵子,但近年的风声紧,张作霖可谓是流年不利。年初,蒋介石联合冯玉祥、阎锡山和桂系军阀,发动了对奉军的第二次围剿,奉军招架不住,节节败退。一直在后面撑腰的日本人眼见他大势已去,乘机想控制东三省,强迫与张作霖签了一份《满蒙新五路协约》,又以解除武装相要挟,迫使奉军撤回东北。张作霖非常恼火,用他的话来说"小鬼子真不是东西,给鼻子上脸,还想骑脖子拉屎啊"。好在他还控制着中央,于是,就在 5 月 25 日,在北京发表了《北京政府正式宣言》,声称"东三省及京津地方,均为中国领土,主权所在,不容漠视"。随后,下令向山海关外撤退。他要守住经营多年的老巢。

张作霖不愿做日本人的走狗,而势必成为日本独霸满洲的障碍。日本人除掉他也就是必然的了。

6 月 4 日 5 时 23 分,当张作霖乘坐的专车钻进京奉(北京至沈阳)铁路和南满(吉林至大连)铁路交叉处的三洞桥时,预先设置好的炸弹准时爆炸,将一座桥墩炸飞,张作霖乘坐的车厢严重受损,张作霖被炸成重伤,后医治无效死亡。这是一起精心策划的军事事件,炸弹准确地炸到张作霖的车厢,计算精确无误。

所幸的是,刘东生的父亲工作的地方离爆炸点还有一段距离,并没有什么危险。

当时巨大的爆炸声惊醒了刘东生,紧接着他又听到了密集的枪声。第二天,他才知道桥梁铁路被炸断,无法再去城里上学。事后,关于事件有各种猜测,很多人说这是日本人干的。这件事情对少年刘东生影响很大,他强烈地感受到帝国主义对中国的野心和中国当时面临的巨大灾难。后来被炸毁的车辆运送到皇姑屯的火车大修厂,刘东生和小伙伴们曾偷偷跑去大修厂,那里是刘东生平日经常玩耍的地方,以前常在路轨底下捉蟋蟀。这次他们亲眼目睹了被炸车厢的残骸,被炸的那节车厢损坏并不严重,只是在包厢顶上被炸出一个巨大的口子。虽然还不能懂得到底发生的是怎么一回事,却也体会到了日本帝国主义的凶残。从此,他对古人说的"修齐治平"有了更深的体会。

从"皇姑屯事件"反映出的科技手段上来说,也蕴含着一场看不见的较量。张作霖乘坐的火车是当时国内领先技术的产品,而且张作霖的车厢位于火车中部,对方能够准确炸毁,一是说明对手的情报工作和军事部署做得周密,二是对方的科技手段也很先进。刘东生当时就能够体会到,没有强大的科技手段作为后盾,就会失去和对手比拼的实力。后来刘东生穷其一生进行科研工作,这与少年时期的这段传奇经历也有着很大的关系吧。

皇姑屯事件在历史上是一段扑朔迷离的奇案,奉系军阀首领张作霖在皇姑屯火车站被炸身亡,也暴露了日本侵略者长期以来霸占东三省的野心。通过制造火车事件预谋干掉张作霖,日本原想摆布张学良(张作霖的儿子),扶植一个新傀儡。没想到张学良背负家仇国恨,将投靠日本人的杨宇霆、常荫槐处死,拒绝了日本的要求。这个事件促成了后来张学良将军的"东北易帜",整个东北军队宣布更换旗帜,服从国民政府领导。这个事件几乎改变了中国历史的发展,从此中国军阀混战的局面基本结束,进入全国统一的局面。

此事件也激起了中国人民的抗日高潮。奉天省立第二小学也换上了青天白日旗帜。刘东生的老师和同学们都更加仇恨日本帝国主义,同学们发誓要好好学习,掌握知识和本领,早日把日本帝国主义赶出中国去。

第四章
南开之子

  1929年,12岁的刘东生从奉天省立第二小学毕业后,没有马上升入中学,而是被他父亲送到皇姑屯的一位私塾老师李彬清的学馆做短期学习。为什么会这样呢?

  原来,刘东生班上有一位姓马的同学,父亲从日本留学回来后开了一家医院,这使得他们班上的同学们觉得学习医学会很有前途。而沈阳还有日本人开设的南满医科大学,班上一些人为了学医就先报考南满中学。

  刘东生也想过要学医,他的祖父和伯父都曾从事过医药行业,刘东生如果学医也算是继承祖业了。但出于对日本侵略者的痛恨,刘东生坚持不接受日本学校的教育。在这个问题上,他的父亲也不约而同地和儿子保持了一致,不但支持刘东生的想法,而且积极为儿子出谋划策。于是父亲暂时送他到私塾里学习,然后再做进一步的打算。

李彬清老师是新旧学兼修的,不但教经史子集、诸子百家之类国学知识,而且也教数学等现代科学知识。别的学生入学要先学《三字经》《百家姓》《名贤集》《千字文》《六言杂字》等启蒙书,然后学《大学》《中庸》《论语》,最后学《孟子》及其他。刘东生已小学毕业,不需要再从"三字经"等启蒙读物入门,他上的第一课是诗人王勃的《滕王阁序》。

刘东生非常喜欢这篇古文,全文可以流利地背诵。"老当益壮,宁移白首之心?穷且益坚,不坠青云之志。"王勃处于怀才不遇之逆境中所写下的这些诗句,对于小学毕业后有些迷茫的刘东生起到了安抚和教化作用,使他懂得人生不要因为一时的失意和迷惘而自暴自弃,彩虹总在风雨之后。他也牢牢地记住了其中的名句"落霞与孤鹜齐飞,秋水共长天一色",对祖国山河的辽阔和壮美有了更深的感受和热爱。

在私塾馆学习,规矩是很多的,讲新课、背书都要先给孔夫子牌位作个揖,然后把书放到老师面前;背书时要脸朝外站。上厕所要先喊"出恭",然后领一个牌子再去;如果没有牌子,说明已有人先去了,要等别人回来,轮到了牌子再去。平常读书,每个人坐在自己的座位上,一边晃一边大声念,十分有趣。另外,写字用砚台磨墨,要先把"墨锭"用纸包整齐,然后用蜡油烫过再用,这样研墨手不沾墨,不会弄满手黑。磨一段时间,便用刀割去一段蜡纸,露出一段墨来,再磨。当时读的书都是线装书,书角也要用蜡烫过,这样书页不至于很快被翻坏。

刘东生在私塾学馆学习了半年,打下较坚实的中国传统文化基础,同时也接受了一些现代文化教育。每天晚上,他还按照父亲的安排，提着马灯到离家不远的一位老师家去学习两个小时的英语。父亲对他的学习可谓殚精竭虑、煞费心思啊。

这段学习经历虽然不长，但对于刘东生却非常有益，相对于班上的其他人，刘东生像是多了一个加油补给站。也正是在这里，刘东生有了对人生的选择性的思考，更加明白了学习文化知识的重要性。

一位12岁的孩子，把他主要的精力都用在了学习上，几乎很少有玩耍的时间，小东生的母亲对此既心疼又骄傲。而他的父亲则想方设法抓紧让小东生能继续升学。

在皇姑屯车站，刘辑五有位同事姓金，是天津南开中学第一届的毕业生，与后来的清华大学校长梅贻琦还是同班同学。刘辑五就想通过这位金同事，推荐刘东生报考享有盛名的南开中学。南开中学一向以办学严谨著称，对于招收外省学生有严格的规定。而刘辑五的这位同事因为和母校远隔千里，与南开中学的老师和同学少有来往，已相当生疏，事情颇有难度。但这位金伯伯是个热心人，在费了很大的周折、疏通各方面的关系后，还是为刘东生争取到了天津南开中学的报考资格。

刘东生决心要抓住这一来之不易的求学机会，开始夜以继日地复习备考。1930年秋天，他果然不负众望，以优异成绩考入天津南开中学。那一年，他13岁。当刘东生第一次走进南开中学，看见蓝天白云下，巨大的操场、宏伟壮丽的教学楼时，一种庄严肃穆感油然而生。想到从此自己终于成为这座人才辈出、誉满全国的学校中的一员，他仿佛看到面前展开了一条洒满阳光的大道，感到既兴奋又惶恐，暗暗下定决心，要努力学习，掌握本领，为学校争光，为祖国效力。

南开中学是有着光荣传统和历史的学校,始创于1904年,是爱国教育家严修所创。严修,字范孙,为前清翰林,在贵州做过督学,主张新学,有维新思想。他曾资助当时的南开学生周恩来留日。后来有人说周恩来是共产党,劝他不要资助,省得惹麻烦。他却以"人各有志"为由,继续资助周恩来到法国留学。

天津市南开中学

校长是54岁的张伯苓,被同学们亲切地称为"老校长"。这位"老校长"可不是一般的人物,他的传奇经历和高尚风范,令刚到南开的刘东生惊叹和敬仰不已。

张伯苓,原名寿春,1876年4月5出生于天津的一个秀才家庭,13岁考入北洋水师学堂,受教于严复等留英学者,18岁以全班第一名的成绩毕业。当时,北洋水师在甲午海战中全军覆没,威海卫军港被日本占领。张伯苓在"通济"舰上服役时,亲眼目睹甲午战场威海卫由战胜国日本人手中移交给英国人占领的场面。他在自己国家的领海上眼睁睁地看着国帜三易,先下清旗再升日旗,隔一日又改悬英国旗。满怀国耻,他决心走一条教育救国的路,用科学知识与爱国精神培养和教育人才,以实现抵御外侮、振兴中华的目的。

1899年,张伯苓应严修之聘,去后者所办的家馆教书。1904年,他与严复同去日本考察教育,回国后将家馆改建为私立中学,定名敬业学堂。1907年,在天津城区南部的开洼地,即民间所称"南开",建成新校舍,遂改称南开中学堂,现在的天津市南开区也由此得名。1917年秋他赴美国,入哥伦比亚大学研究教育,次年回国,先后开办了南开大学、南开女子中学、实验小学。1937年以前,南开已形成了从小学、中学到大学的完整体系,他先后担任校长四十余年,培养出不少杰出人才。张伯苓提倡教育救国,注重理工科教育。他也是中国现代体育运动的先驱。他虽反对学生介入社会政治活动,但也曾保护过进步师生。

当时,社会上的私立学校多以赚钱为目的;南开也属私立,却是一所"赔钱"的学校。为使南开能够维持正常运转,张伯苓靠着自己卓越的公关才能,利用一切资源,在国内外游说募捐。他还颇有创意地发明了"钓金鱼"的办法,比如他去美国募捐,总要带上南开饲养的金鱼,捐款1万美金以上的送金鱼1尾。他在学校账上支出10尾金鱼,补上的一定是10万以上的美元。他一生为南开募集的款项数以千万计,而且都是以个人的名义,他若从中提取若干作为辛苦费,别人也不会过问,且理所应当;但他不屑于这样做,而是分文不差地将募捐款归入南开的账户。很多人正是由于敬佩他办学的毅力和纯洁高尚的品德而慷慨支援的。

张伯苓不吸烟、不喝酒,也不玩麻将和牌九,过着粗衣疏食的简朴生活。他曾对夫人说:"教育清苦事业,所入无多,当量入以为出,家中事悉以累汝。"他若外出办事,永远坐三等车厢,每次都住在一天一元钱管吃管住的小旅店里。当时他的名气已经很大,可是仍居住在天津西南角平民区的一所旧房子里。

刘东生刚到南开读书时仅13岁,个子小。有一天在东楼的整容镜前照镜子,有一双大手从后面抚摸他的头,回头一看是张伯苓校长。张校长向他微笑着说:"好好照照,好好照照。"每星期都能在大礼堂聆听到"老校长"给学生的训导讲话。对于物质生活,他常常教导学生说,"不要爱钱,够用就行";在关于仪容方面,他认为学生最好理短发,这样看起来精神足,富有朝气,做起事来也干净利落,不会给人一种萎靡、颓废的印象;他又说,冬天很冷,如果依恋热被窝不出来,那么,越怕冷反而越冷,不如毅然决然掀开被子,跳到地上,很快穿上衣服,该干什么就快些去干什么。这些深入浅出的道理让刘东生和同学们深受启发,明白了做人要从一点一滴的小事做起,要给自己树立一个崇高的目标,然后一往无前,知难而上。他深深感受到,在这所学校里不仅可以学到知识,更能陶冶情操,让他受益一生。

刘东生喜欢游泳。从小时候起,只要是他喜欢的事情,他都努力争取做到最好。

南开中学没有游泳池,他和同学们就在学校附近郊区找到一个烧砖厂里的大水坑。大水坑是长期取土下陷后灌满雨水形成的。在这个天然的游泳池里,有几个和刘东生差不多年龄的同学,每天只要一空闲下来就会相约前来练习。有几个同学游得非常好,其中有名同学叫董景纯还曾在全国游泳比赛上得过第二名。刘东生参加了董景纯组织的"海鸥游泳队"。没有教练,他们便靠自学学会了蛙泳、自由泳和仰泳。大连来的白永兴、朱之杰、杨锡诚和司徒愈旺等同学都游得很出色。

他们学习游泳的一个途径就是留心各大报纸上登载的游泳比赛图片,仔细研究第一名的特写镜头,看他是什么姿势,抬头和胳膊的高度,张口换气在水面的方位等。对于国内的报纸比如《大公报》的体育新闻,他们会立即裁剪下来,分门别类,以便于随时查询。他们还看日本的《朝日新闻》画报,因为20世纪30年代正是日本人游泳的黄金时代,经常在世界赛事上夺冠,相关报道很多。在南开中学通往天津城西南角的路上,他们欣喜地发现有家小店里有大捆的从未看过的美国报纸。那是美国货船运货作为压仓用的,多半是《洛杉矶日报》,小店把这些报纸作为包装纸向外出售,刘东生他们在成堆的报纸里翻找到了洛杉矶奥运会的不少报道。游泳图片很多,他们都认真地裁剪下来,做成一本剪贴本,反复观摩和学习。

这件事对刘东生以后的地质科研很有帮助,他从中体会到,凡是搞研究工作,都需要"虎子穷搜千百穴"的精神,尽可能多地拥有第一手资料,关注前沿一线的动态变化,才能取得事半功倍的效果。

刘东生在南开学到的不仅是知识,还有积极进取的人生态度。他一生都以南开为荣,和母校一直保持着密切联系。他有一个喝茶用的水杯,是南开中学1995年校庆时专门制作的纪念品,上面有南开中学的校徽和"巍巍我南开精神"的字样,他特别喜欢用这个水杯。

第五章

国难当头——中学时期

刘东生升入初中二年级不久,震惊中外的"九一八事变"爆发了。

1931年9月18日,日本驻中国东北地区的关东军突然袭击沈阳,对沈阳进行军事占领,并很快就侵占了东北三省。"九一八事变"是日本帝国主义长期以来推行对华侵略扩张政策的必然结果,也是企图把中国变为其独占的殖民地而采取的重要步骤。自五四运动以来,中国学生一直富有爱国热情,东北大片国土沦陷,南开中学和全国各地的学生一样,同仇敌忾,掀起了抗日救国的热潮,他们有的剪发明志,有的肩佩黑纱,大家纷纷走上街头,开展抵制和查禁日货运动。

刘东生这时在天津,父母和弟妹们都还在沈阳。东三省沦陷后就和家人中断了联系,不知亲人安危,内心十分焦急,但他仍然积极投身到这场抗日救国的学生运动中。

天津也不安宁。当时天津有日本的租界和兵营,日本在天津"驻屯军"的兵营海光寺,就位于南开中学、南开大学及南开女中之间。日军觊觎整个中国,抓紧军事演练,经常在学校附近搞野战、夜战演习。市民听得见枪声,也看得到火光。还有不少日本浪人及日本军人组成了便衣队,经常跑到租界和兵营外面打、砸、抢后再逃回租界兵营,中国当局也束手无策。可以说,刘东生和同学们就是在日本侵略者的刀枪直接威胁下读书与生活的。

"九一八"事变后,不光是东三省被日本霸占,整个中国频频告急,战事不断。日本帝国主义得寸进尺,不断寻衅挑起事端。1932年1月28日晚,日军突然向闸北发起攻击,随后又进攻江湾和吴淞——"一·二八事变"爆发。国民政府军第十九路军奋起抗战,伤亡惨重。国民政府军政部下令组成第五军,由张治中指挥开赴前线,与十九路军并肩抗日,民心振奋。1933年元旦,日军进攻山海关,张学良命令东北军何柱国部奋起还击,揭开了长城抗战的序幕。不久,山海关失陷,日军向热河进逼。1933年,日军占领热河,冯玉祥的西北军宋哲元部在喜峰口、古北口等地英勇抗击日寇,这些中国军人于国势危急之中的浴血奋战,极大地鼓舞了全国人民的斗志。

刘东生和他的老师、同学们也在利用一切机会为抗日救国尽一己之力。

1934年10月10日上午8时,天津河北体育场落成典礼和第十八届华北运动会开幕式同时举行。有着"中国奥运先驱"之称的张伯苓先生为体育馆的落成和运动会的召开没日没夜地忙碌和操劳。正当国家危难之时，这次运动会也受到国际上的广泛关注。

大会总裁判张伯苓发表开幕宣言时说："这次大会的规模比以前十几次都大，而地点又是在河北最繁盛的天津市，时间是在国难日深的国庆纪念日。"当时，正值东三省沦陷、华北危急、国难当头之际，抗日救亡的呼声日盛，体育也被赋予了新内涵。

东北运动员列队入场时，手举布幔，打出"勿忘东北、勿忘国耻"等字样。由学生组成的啦啦队也高举写有"勿忘九一八、恢复东北省"的宣传牌，并高喊"要守长城一万里，全凭你们众英雄""功夫真、资格深、收复失地靠你们"等口号，一时间会场上斗志昂扬，群情激愤。

主席台正对面是南开中学学生区，刘东生他们事先就练习了抗日爱国组字练习，大家熟练地用手中的黑白小旗，听口哨打出小旗，组成"勿忘国耻""收复国土"等口号。日本驻天津总领事也在主席台上就座，看到抗日口号后，提出抗议不成竟然威胁退出会场。但是，老校长张伯苓沉着冷静不为所动，支持学生们的爱国行动。这次运动会高举抗日救亡旗帜，洋溢着爱国激情，甚至队服、奖品等都限用国货，席卷起一股爱国抗日新高潮，全国各大报纸纷纷予以报道，其意义和影响已经远远超出了体育范畴。

到了 1935 年的夏天，刘东生升入南开中学高中部。

新学期开学之后，按照河北的规定，省内所有高中一年级学生都要集中到保定军校旧址开展军训三个月，学生主要以军事化操练为主，另外还有室内军事理论课的学习。然而，就在刘东生参加紧张的军训一个多月后，军训却因为日本人的横加干涉而被无端中止了。事情是这样的：

一天早晨，总教官黄杰（国民革命军第17军第2师少将师长）把大家集中到大操场上，他在主席台上沉痛地告诉大家："日本人提出抗议，勒令我们停止军训，为了防止事件恶化，我们只好解散，各回学校……"操场上，大家都被这个突然的消息惊呆了，短暂的沉默之后，同学们难抑内心的悲痛情绪，教官和学生们顿时哭声一片。同学们感受到一种奇耻大辱，中国人在自己的国土上军训竟然被日本人禁止！这种耻辱令同学们悲愤难抑，也更加激发了同学们的抗日情绪。

1936年12月12日，刘东生上高二年级时，"西安事变"的消息传来，时任西北剿匪副总司令、东北军领袖张学良和时任国民革命军第十七路军总指挥、西北军领袖杨虎城在西安华清池发动兵变，扣留了时任国民政府军事委员会委员长和西北剿匪总司令的蒋介石。刘东生和同学们都坚决拥护"停止内战，一致抗日"。

刘东生整个中学时期几乎都是处在日本帝国主义的威胁和蹂躏之下。国难当头，山河破碎，全国人民抗日浪潮日益高涨。这些亲身经历使他深刻体会到，没有国就没有家，没有国家的强盛就没有个人的安定生活。驱逐日寇、振兴中华也就成了他和同学们立志学好本领、为国奉献的原动力。

紧接着，发生了著名的"卢沟桥事变"。1937年7月7日深夜，卢沟桥的日本驻军在未通知中国地方当局的情况下，擅自在中国驻军阵地附近举行所谓的军事演习，并谎称有一名日军士兵在演习时失踪，要求进入北平西南的宛平县城（今卢沟桥镇)进行搜查。对这一蓄谋已久的挑衅行为,中国守军当即严厉拒绝其无理要求。日军立刻向卢沟桥一带开火,中国守军予以还击。这次事变标志着中国人民的抗日民族解放战争全面爆发。

这一天,像一块烙铁烙在刘东生的生命里。他虽然没有亲临前线战场,却感受到了日寇发动侵略战争给百姓带来的磨难。

正是在这一天,他高中毕业了,而刘东生一家这时也早已经从沈阳迁居到北平(现在的北京)。于是,在7月7日早上,他乘上了天津到北京的火车回家。之前,因为给家里写了信,告知了自己已顺利毕业和即将到家的时间,家人也在焦急地盼望他回来。本来火车正常时间应该是中午就会到达北平的,但是,在大约上午11点,火车快到丰台时,突然临时停车了。车子没到站,也不能下车,都不知发生了什么事情。后来听说是卢沟桥那边打起来了,日军正向我方进攻。刘东生和旅客们从车窗向外看见,穿着黄色军装的日本兵猫着腰一边打枪,一边从车的左边跑过去了。在极度的恐慌与不安中,一直到深夜12点火车才继续开动,等到火车到达北平前门火车站,刘东生提着两个沉重的大箱子往家里走,都已是后半夜了。而刘东生的母亲和家人白天等不到人,正急得像热锅上的蚂蚁,担心他路上会出什么事。刘东生到家时,天已快亮了。母亲悲喜交集,不禁抱着儿子失声大哭。兵荒马乱的岁月里亲人的平安显得多么弥足珍贵。

这个炎热的7月,刘东生和家人提心吊胆的日子十分不好过。从战场上陆续传来不好的消息:7月8日早晨,日军包围了宛平县城,并向卢沟桥中国驻军发起进攻。中国驻军国民革命军第二十九军官兵奋力反击。驻守在卢沟桥北面的一个连仅4人生还,余者全部壮烈牺牲。二十九军副军长佟麟阁,一百三十二师师长赵登禹先后战死。不少军训团的学生也在战斗中壮烈牺牲。28日夜,二十九军军长宋哲元率部撤离北平,北平为日军占领。7月30日,中国军队因伤亡惨重被迫撤离天津,天津沦陷。

北平处在战争的焦点,已非久留之地。许多人惶惶然不知所措,刘东生与母亲、妹妹、两个弟弟及堂姐一起乘一列难民列车来到了天津,全家在天津的英租界附近租了一间房子,暂时住了下来躲避战事。

"卢沟桥事变"拉开了中华民族八年抗战的序幕。一个多苦多难的民族觉醒了,在痛苦中开始了捍卫民族尊严的艰难而伟大的历程。

第六章

西南联大

　　1937年的夏天,京、津相继沦陷。不久,南开学校被日军炸毁,这也是"七七事变"后被日本人炸毁的第一座学校。刘东生虽然高中毕业了,每天除了和一家人躲在天津法租界的租屋里关注时局变化,不知道接下来还能继续做什么。他在想:是要继续升学还是就业呢？本来,以他的成绩是可以直接保送上南开大学的,当初报考南开中学也是冲着这一层优势考虑的。但是,现在学校已经被毁,京、津两地现今都已在日本人的控制之下,国难当头,形势难以预测,人们正常的生活秩序被悉数打乱。战争使得经济停滞,就业也不是件容易的事情,刘东生心里感到一片迷茫。

　　一天,刘东生在大街上遇到了南开中学的同班同学童遐龄。毕业后的首次重逢,分外惊喜,何况他们还曾是同住一间宿舍的好朋友呢。见了面，他们互相说起各自的近况和打算，刘东生说："本来我准备去南方的，听说上海也起了战事，还不知道消息是否确切，我父亲现在上海，我也还在观望之中。"

童遐龄就说："你不如先到我家来住吧，我家的房子空着呢，我们正好可以一起做些重要事情。"

童家在法租界。他们全家人都喜爱京剧，后来的京剧名家童祥龄、童芷龄、童寿龄都是他的弟弟和妹妹。当时他们"童家班"正在南方演戏，因为战事频起，致使交通阻塞，一时难以回来，家中只有一个老祖母和两个堂兄妹在。家中有空屋，所以童遐龄力邀刘东生去他家住。另外童遐龄的父母籍贯江西，为江西同乡办了一所"江西小学"，他说他们可以先去那里教书。刘东生欣然同意。

战争让法租界里涌进了很多难民，难民中失学的孩子也有不少。到了9月，刘东生和童遐龄打出小学的招生广告，开学时招收到几十名学生。由于学生年龄参差不齐，他们准备了两间教室，每人各教一个年级的"复合班"。后来又来了一位南开毕业的同学教体育和音乐。

他们不仅教授课业知识，也结合时事，把南开"老校长"张伯苓抗日爱国的教育理念传输给小学生们，要求小同学们学好知识，长大了为国效力，坚决不做亡国奴。由于他们的认真负责，一学期下来，家长们都很满意，送来学习的孩子就更多了。

刘东生与南开毕业的同学们逐渐恢复了联系。同学们都对日本人炸毁南开学校表示了极大的愤慨，都为国家的前途和命运担忧。有的同学表示要报名参军去打日本鬼子，有的要继续上大学深造，学好真本领。刘东生和同学们交流时表示，自己虽不能上战场杀敌，但在租界里办教育，宣传抗日思想也是为抗日救国出力。

这期间，发生了一件事对刘东生触动很大。与刘东生同届的一名同学刘福庚，当时加入到爱国青年自发组成的民间抗日团体"抗日杀奸团"。这个团体的主要成员多为青年学生，但也有社会名流子弟加入其中。刘福庚和同伴利用学到的化学知识制造定时燃烧弹，在第一次试验时出了意外，刘福庚献出了年轻的生命。

在江西小学教书的第一学期时，刘东生接到了南开中学老同学黄振威从湖南长沙寄来的信，告知他大学招生的一些新消息。

北京大学、清华大学及南开大学的领导人蒋梦麟、梅贻琦、张伯苓于北平、天津沦陷后，与国民政府教育部协商，决定临时合并，在9月南迁至长沙岳麓山下，成立国立长沙临时大学。临大已于11月1日开学，黄同学就在那里念书。他在信中催促刘东生抓紧时间去南方，最好也到长沙临时大学来读书，并列举了来这里的优势：南开的学生可以免试入学；免收学费，每月还给予生活补助；学校师资力量雄厚，人才济济。刘东生不想错过这么难得的学习机会，内心十分向往长沙，甚至都买好了车票，可惜因为租界巡捕的阻止，计划而未能成行。

到了1937年底，抗日局势继续恶化。11月12日上海陷落，12月13日南京陷落，武汉频频告急，长沙的局势也是十分危急。教育部通知长沙临大准备西迁云南昆明，易名为"国立西南联合大学"。这件事从黄振威的来信中得到了证实。还有其他的同学也陆续到了昆明的联合大学，他们纷纷来信，希望刘东生能尽快去昆明。

刘东生下决心去大后方春城,虽然因为时局动荡,他需要克服很多困难。经人指点,这一次他决定从香港转越南再到云南。

走之前,他先和同学童遐龄告别,感谢他一年来对自己的关心和照顾。朝夕相处就要分开了,童遐龄虽然感到不舍,但为了刘东生的前途考虑,也非常支持他的选择,并祝福他一路平安,早日圆大学之梦,为灾难深重的祖国学好知识,将来做更多、更大的贡献。

1938年7月,刘东生终于踏上了征程。他用自己在江西小学挣得的工资买了怡和公司去香港的船票。这是他第一次坐船出海,又是独自一人。在天津港口码头,母亲依依不舍地为他送行,刘东生强忍离别的泪水,安慰哭泣的母亲,叮嘱母亲保重身体,不要为自己多担心。

到了香港以后,刘东生见到了已在香港工作的父亲,告诉父亲自己去昆明读书的打算。岂料父亲一听非但不支持他的选择,还为他的将来做新的安排。父亲告诉他,自己的一位朋友已同意资助刘东生去美国留学,并办好了刘东生的护照,可以从香港直接去美国。

但这一次刘东生却拒绝了父亲的安排,态度非常坚决。他说:"那么多同学,虽然有的人在前方抗战,有的人在大后方读书,但是,都在为抗战出一份力量。在这个时候,我怎么能选择到外国去,来逃避祖国的抗战呢?我要和同学们在一起,为祖国分担艰难与忧患!"掷地有声的一席话让父亲无言以对,只好打消送他去美国的念头。虽然这样让他感到有些失望,但也感觉到在困境中儿子悄悄长大了,已不再是从前那个只知道顺从的毛头小子,而是一个有思想、有追求的新时代青年。这样一想,内心又得到了极大的安慰。

刘东生在香港陪了父亲一两个星期后,就买船票离开了。经过两个昼夜的海上航行,先是抵达越南的南方港口城市西贡,然后,顾不上领略异国风景,就再乘坐法国人修的窄轨铁路火车,途经越南的河内、老街,辗转进入中国云南的河口、蒙自等地,最后终于顺利地到达本次目的地——春城昆明。

1938年8月,刘东生终于走进了他向往已久的西南联合大学。在这里,作为南开的高中毕业生,他获得了免试入学的待遇。这里似乎并不陌生,刘东生一到学校就如同鱼儿游进了大海,有一种自由舒畅的感觉,脸上往日的阴霾一扫而去,露出了久违的笑脸。在学校,他见到了许多南开同届的同学,有的人已经是大二学生了。联合大学有着南开的严谨和清华、北大的开放、自由,呈现在刘东生眼里的是一片崭新的天地。

联合大学因为是在战乱中组建的新校,办学经费严重不足,许多教学设施都是因陋就简,但是,师资阵容却分外强大。据1939年统计,联大有177名教授(包括少数副教授),占全校教职工的22.3%。教授所占的比例,比美国麻省理工学院(22%)还高。联大教授阵容之强,在古今中外大学中,堪称绝无仅

西南联合大学

有。先后来校任教的教授有周培源、华罗庚、朱自清、闻一多、钱钟书等 300 余人，他们都是各个专业的泰斗、顶级专家，绝大多数是海外学成归来的硕士、博士，而且许多人文理兼通，学贯中西。而青年讲师、助教也大多是北大、清华和南开的优秀毕业生。刘东生他们幸运地遇到了如此优秀的教师队伍，而老师和前辈们的人格及学术魅力更像一面旗帜指引着他们，激动之余，只有更加努力刻苦地学习。

与刘东生同届高中毕业来到昆明继续上大学深造的同学们有四五十人之众，分布在文、理、法、工、商各学院。南开的同学们有着很强的凝聚力和集体意识，他们互相关照，亲如一家人。刘东生和南开的老同学住在一起，让他又想起了当年在南开的情景。刚去时，他们 4 个人一间宿舍，没有床和桌子，就每人发 20 个装汽油桶的木板箱子在地上拼凑起来充当床和桌子，学习上也比在南开中学时宽松，晚上还可以出去游玩、观看本地的滇剧等。

1939 年 4 月，西南联大的新校舍落成，有学生宿舍 36 栋，全是土墙茅草顶结构；教室、办公室、实验室 56 栋，为土墙铁皮顶结构；食堂 2 栋，图书馆 1 栋，为砖木结构。虽然条件还是很简陋，但在当时的情况下已经很难得了。刘东生和同学们满怀喜悦之情迁入了新宿舍。

学生们每天唱校歌：

"万里长征，辞却了五史宫阙，暂驻足衡山湘水，又成离别。绝檄移栽桢干质，九州遍洒黎元血。尽笳吹弦诵在春城，情弥切。千秋耻，终当雪。中兴业，须人杰。便一成三户，壮怀难折。多难殷忧新国运，动心忍性希前哲。待驱除仇寇复神京，还燕碣。"

西南联大校训是"刚毅坚卓",继承了三所知名大学的"学术自由、民主办学"的传统,发扬五四时期民主与科学的精神,以及"内树学术自由之规模,外来民主堡垒之称号,违千夫之诺诺,作一士之谔谔"的学风,为学校促进学术发展、培养优秀杰出人才创良好的条件。刘东生来到这样一所大学,虽然物质生活异常艰苦,但学生们朝气蓬勃,精神生活非常富足。这里像一个知识的海洋,深深吸引了刘东生。

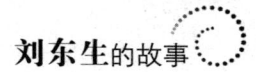

第七章
改学地质

远离了日寇铁蹄蹂躏下的北方,也告别了彷徨迷惘的昨天,对于从没有见到过南方旖旎风光的刘东生来说,1938年秋天的昆明是那样美丽,天气温暖宜人,蓝宝石一样的天空一碧如洗,有可爱的山雀和美丽的杜鹃,更有数不尽的雏鹰在蓝天白云中展翅翱翔。

刘东生的大学生涯从这个秋天正式开始了。

首先面临的是选专业。刘东生的父亲曾多次叮嘱他大学要学机械专业。这与他父亲多年来所从事的职业有关,他父亲长年在铁路上工作,后来又在飞机场工作,目睹了工业机械给人们带来的实惠便利,比如上世纪30年代美国载客40人的大型飞机已经开始在国际航线上飞行。然而,当时中国的工业基础极其薄弱,在炮火隆隆的抗战中就更没有什么像样的工业可言。刘东生也受到工业救国思想的影响,所以刚入学时也就非常自然地选择机械专业学习。但他又了解到原来南开的同学大多数都转到地质专业去了,其中就有先他一步来到联大的老同学黄振威。

在生活中,常常有这样一种人,他的出现看起来是偶然的,但却又像是一种必然,甚至可以说是肩负引导人生的重大使命。对于刘东生来说,黄振威就是这样一种人。我们应该还记得,当初在刘东生高中毕业不知何去何从的迷惘时刻,正是他力劝刘东生到联大来深造读书的,而到了联大后,他的引导任务还远没有结束呢。

此时的黄振威已是大学二年级的学生,课余时间,他不厌其烦地给刘东生做地质学入门知识扫盲,饶有兴趣地讲述大地深处的矿物、美丽的结晶体以及对称轴等概念。刘东生感到既陌生又神奇,对他自小就十分向往的充满魅力的神奇自然,刘东生有一种想走进去一窥究竟的欲望。但他一想到对他学习机械专业寄予厚望的父亲,就有些犹豫,毕竟他是带着全家人的希望来上学的。之前他已经违背了父亲要他去美国学习的意愿,如今再放弃父亲为他选择的机械专业,他担心自己会让家人失望。刘东生还在犹豫不决的时候,黄振威给刘东生讲了一个找矿的故事:

在昆明附近有个易门铁矿,1937年刚刚开采,但当时并不知道易门铁矿的真实储量和开采价值。当地政府就请了西南联大地质系谭锡畴教授带队前去勘查。谭锡畴是地质界的老前辈了,他根据当地的地质构造、矿产类型、矿藏质量、保存状态等,得出结论:这是个值得开采的大矿。谭教授果然没有说错,后来证实矿脉开采得很好。这个故事让刘东生觉得地质研究很神奇、很了不起。刘东生想，谭老先生只是到易门转了一圈，就知道了那儿的矿产储量，决定了当地的命运。发现储存的资源，对国家抗战太有用了。

随后，无意中他读到了一篇文章，更加说明了地质研究与抗战救国的内在联系。多年后刘东生回忆这一段经历时，还有深刻的印象，他说：

"当时，在昆明有份报纸叫《益世报》，读的人很多。在这份报纸上有一篇文章《论抗战和乡土研究》，这篇文章是我后来的老师、中国古脊椎动物学专家杨钟健先生写的。文章中这样写道，只有了解自己的家乡，才能谈得上热爱自己的家乡，热爱家乡才有抗战热情，爱国就是爱自己的家乡。家乡的山山水水必须认识它，你通过什么认识呢？那就是地质学。通过地质去认识家乡的美好，山是怎么形成的，水是怎么变化的。年轻时就这么一个挺简单的思维和想法，使我通过这篇文章萌生了转学地质专业的念头。"

云南的秀丽风景也让刘东生对地质学产生了浓厚的兴趣。神奇美丽的大自然中蕴藏着探寻不尽的奥秘呢。这时，刘东生听说了另一个故事，这个故事发生在一个非常熟悉的人身上：

刘东生有个同学叫孙常龄，是生物系的学生。孙常龄在生物实验室里从显微镜下发现了前人所没有发现的草履虫的新现象。他的教授对此也非常重视，要他24小时不间断地观察其变化。这在当时是一个了不起的发现，令人震惊，在联大一时引起了轰动效应。刘东生没有想到，中学课本中所描述的关于那些大科学家的大发现和大发明的故事，竟会发生在一个名不见经传的小小大学生身上。这也许就是科学的神奇魅力所在吧！那就是在探索中不断发现新事物的奥秘，发现世界万物之间互相联系的隐秘路径。这种神奇让刘东生心动不已，也促使他更倾心于地质科学。

当时还发生了一件让刘东生痛心的事情：1938年9月28日，日本飞机对昆明发动了空袭轰炸。"这是日本飞机第一次轰炸昆明，我们当时躲在西山上看，20多架飞机从北边飞到昆明上空，炸弹直接投到西南联大的校舍。我们有个姓林的同学，9月27日从天津到昆明的，28日当天躲在宿舍屋檐底下，房顶上的瓦经炸弹震动全部溜了下来，砸到他头上，当场死了。我们班当时好几个同学受了重伤。"多年以后刘东生回忆惨痛往事，心情依然是那么沉重。他说："那个时候，我们抗战的心情非常强烈。甚至有些同学觉得，念书有什么用，干脆上前线去。在这种情况下，我就下定决心不学机械了，改学地质，觉得学地质比学机械对自己更加适合，对抗战更加有用。"最终，他写信告诉父亲，自己已决定放弃学习机械，改学地质学，并详细陈述了自己的理由和看法，着重陈述了抗战时期祖国建设多么需要地质专业人才，而个人也会获得更大的发展空间。

在人生的十字路口，在国难当头、民族危急、大敌压境的非常年代里，有着一腔热血的青年刘东生在科学救国的道路上，做出了自己的恰当选择，即便在今天看来，仍然需要相当的勇气和决断力。似乎是一种偶然，也可以说是一种必然，是刘东生将自身志趣与祖国的命运充分结合起来之后所做出的必然选择。

回溯生命之河的源头，刘东生这位后来的国家最高科学技术奖、泰勒(Tyler)环境成就奖得主,大学专业的成功定位无疑为他的未来发展确定了正确的方向。

那么,这种自由的选择除了刘东生本人的因素以外,还有没有来自学校等外部的因素呢?答案是肯定的。刘东生在多年后接受访谈时回忆说:

"有关西南联大,我自己体会最深的一点,就是学术空气比较自由,同时大家都有一种'选择最好的精神',老师选择最好的学生,学生选择最好的老师。一方面,教授可以根据自己的最擅长的领域开课,学校也经常请院外的人来做学术报告;同时学生可以自己组织、选择一些社团活动。另一方面,学生可以根据自身的志趣,选择最好的、自己最喜欢的老师和课程。学工科的学生,也可以改学自己感兴趣的其他学科,可以选那些文学、历史等方面著名教授的讲座。"

当年的西南联大可谓大师云集,"朱自清、闻一多等大家给我们讲课,不是仅仅讲文学,而是将文学和国家局势、做人的道理结合起来。其他专业的老师也一样,他们讲授知识的同时,给我们也传授科学方法、科学思想。"聆听大师们的讲课,让自己的眼界胸怀和研究的境界也跟着提高。

西南联大在制度上也富有弹性,鼓励学生按照自己的兴趣选择专业。"学工科可以救国,学文科也可以救国。但不同人有不同的兴趣、爱好,结合自己的兴趣来选择专业,可以学得更好一些,更容易出成果。"刘东生认为,中学刚毕业的学生们,可能并不十分清楚哪个学科更适合自己,这就需要给同学们进行自由选择的机会,这种机会包括学生选择老师、专业、课程的机会,也包括选择学习方法的机会——西南联大给予了学生这种机会。

刘东生打小就是一个有主见的人，一旦做了决定后就坚定不移、勇往直前地走下去。他很快就找到分管他们一年级新生的陈福田教授（原在清华大学教英语）要求转系，他说："陈老师，现在抗战时期，我想做一些国家急需有用的事情，比如找到矿藏，为后方建设出力，学机械暂时还没有什么用，昆明连墨水都不能生产，牙膏、肥皂也没有，我想转到地质系去学习！"然而，这位老师却不同意他转系，劝他说："你觉得现在学机械没用，等以后会有用的。现在开矿很麻烦，而眼前修公路需要有很多筑路机械设备，公路修好后又会有很多汽车跑运输，所以学习机械专业就能马上学以致用了。我建议你还是不要转系。以后我们国家有了大工厂，还要造飞机呢！"

可是刘东生已经下了决心，于是，他再去找北大兼管一年级新生的叶公超教授，恳切地要求转到地质系。叶教授看他态度这样坚决，只简单叮嘱他说，地质专业可不轻松，要做好艰苦奋斗的长期准备，然后就十分爽快地签了字。这样，刘东生就顺利地成为了西南联大1938级（1942届）地质系的一名学生。

全班共有学生32名，人数之众在该系前后数届都是数得着的。而且毕业后大多在地质行业取得重大成就。这些同学中，后来成为中国科学院和中国工程院两院院士的有8人。其中，刘东生、马杏垣、谷德振、陈梦熊、顾知微、郝诒纯、穆恩之等7人是中国科学院院士，韩德馨是中国工程院院士。

刘东生在日后回想当时情景，不禁笑着说："我报的是清华大学机械系，却又转到了北大地质系上课，是名副其实的联大学生了！"

前面提到的那位发现"草履虫的新现象"的生物系同学,在得知刘东生成功转到了地质系后,十分高兴。作为好朋友,孙常龄还专门跑到昆明城里的书店,买了一本杜其堡编著的《地质矿物学大辞典》赠送给刘东生,并在书的扉页写下了勉励的话:"地质科学艰苦,探索乐趣无穷!"

　　刘东生捧着这本书,如同捧着一把地质科学的入门钥匙,内心的激动无以言表。他决心要严格要求自己,认真读书,努力学习,争取早日真正拥有这把金钥匙。而孙常龄在科学中勇于探索进取的精神,也极大地鼓舞了刘东生,坚定了他投身地质、学好地质的决心和信心。

第八章

求学之路

"所谓大学,非有'大楼'之谓也,乃有'大师'之谓也。"这番话是联大校长梅贻琦先生所讲,深深印在刘东生等联大学子的心中。国内三所各具传统的名校,在阴云密布、国难当头的抗战时期团结紧密、无间合作;联大更是凝聚了大批深受"五四"精神熏陶的教师们,不遗余力地推行着"通才教育"和民主校风。虽然是处在困难的抗战时期,然而联大教学秩序井然,学生没有丝毫马虎。在这样的大学读书学习,刘东生感到幸运和自豪。

在刘东生入学初期,联大实行学年制与学分制,多门课程分为必修课和选修课,梅贻琦校长力主学生要德、智、体全面发展,自然科学、社会科学、人文科学素养等都应具备,并做到触类旁通、见微知著。在西南联大的价值观里,大学就是做学问的场所,所谓学问就是要"学问"而不是"学答"。学习是终生的事,四年期满只是毕年而不是毕业。

刘东生的基础课学得牢固。联大有一条不成文的规定,但凡属于最基础的课程(包括专业课程的绪论),都须由最有名望的教授执教。因为这些课程由名教授深入浅出地讲授,能把学生带入广阔的天地中。作为地质专业的学生,刘东生首先入手学习的基础课是《普通地质学》,他选择听自己崇敬和景仰的老教授谭锡畴所讲的课。在课堂上,刘老教授对同学们说起了自己民国初年开始学习地质学的情景,令同学们忍俊不禁。那时地质学尚不被人们所知晓,当谭锡畴回到家乡,被他父亲的一位朋友问及在京城所学为何时,他说学地质。问话的人竟不解地发问:"袁世凯都下台了,你怎么还学帝制呢?"

联大发扬民主学风,严格保证教学质量,实行"学分制",尊重教授的专长。教师开课都是按自编教材讲授,有权考核学生成绩,一般不受干扰。学生必须修满规定的学分才能毕业。除了专业课以外,联大对体育课也很重视,主张拥有健康良好的体能才能更好地学习科学知识。体育部主任马约翰言传身教,体育课不及格亦要重修。马约翰为人正直可亲,待人热情诚恳。他呕心沥血,将全部精力都用在体育事业上。联大主张"通才教育",认为在打好"博"的基础上才易于求专求精;学生也多了一些选择专业的时间,能够充分认识自己的专长,这样学习得来的知识才丰富扎实,也有利于毕业后学生自主择业,适应社会综合性多方位的需求。在课时安排上,也是教师授课与学生自学相结合,留给学生充分的自学和独立思考的时间和空间,鼓励学生自觉钻研,勤学勤思,不读死书,不死读书。

每当新的学期开始时,刘东生就和同学们在贴满几面墙壁的课表前挤来挤去地进行选课,一时间人头攒动,大家指指划划,认真挑选,情景颇为壮观。选课制使学生的兴趣和所长得到了充分调动,有利于学生文理相通,扩大知识面,调动学习积极性。选课制还可以促使教师在学生面前接受检验。尤其是一门课程由几个教师同时开设,充分体现出学术自由。如袁复礼和冯景兰教授,同时教授《地貌学》《矿床学》课程;李宪之、赵九章教授,同时教授《气象学》课程等。而各位教授讲授的内容、观点、方法,却各不相同,学生们想听谁的就听谁的,使学生们受到了不同学术风格的熏陶。形若擂台较量,只有学术水平和教学质量高才能赢得学生的敬重。当时联大没有森严的门禁,所有课堂均向社会开放,校外青年可自由来校听课,许多青年利用这一优厚条件,学到很多知识。

　　课余时间他和同学们也打打桥牌、下下棋,或唱唱取材丰富的抗战歌曲,有行军唱的《义勇军进行曲》《满江红》,有怀念故乡的《东北松花江上》,等等,有时同学们还唱清华校歌和联大校歌。假日消遣还可以前去翠湖游玩,堤上柳枝低垂,湖中遍植荷花,风景宜人。昆明西郊有滇池,周五百里,烟波浩渺;湖上还停泊一架云南省主席龙云的专用水上飞机;附近有一高耸的阁楼,是著名的"大观楼",楼内悬挂很多名人写的长联,非常壮观。

　　刘东生除了注重从书本上学习理论知识外,更喜欢参与野外地质考查实习,增加实际经验的积累。他很敬仰地质系袁复礼教授。袁教授带领他们跑野外,边考察边讲述自己亲身经历的考察故事,对他很有启发。

　　袁老师讲到,1927年—1932年,他参与了中国、瑞典合作组成的中国西北科学考察团去绥远、宁夏、甘肃和新疆等地考察。他们拉着骆驼、背着给养,在荒凉无人的戈壁滩上步行了几十千米后,到达一个小村落,小村人靠着一眼微小的滴水泉生活,饮水十分困难。凭着他们掌握的地质知识,认为附近应该有水源。在当地,水是最为珍贵的财富,能够找到水的人,是被奉为神明的。地质学家们经过勘探,确定了水源地点,经挖掘后,终于找到了新的水源。百姓们感动得哭了,认为是神仙显灵了。袁教授对西北之行的描述让刘东生认识到,地质工作的重要意义就是利用自己掌握的地质科学知识为百姓造福。他决心将来也要做像袁教授这样的人。

刘东生(左)在西南联大时与徐煜坚(中)在野外调查

时间如同白驹过隙。到了1939年夏天,刘东生迎来了他在西南联大的第一个暑假,他决定好好利用这个漫长的假期。经过商量,他和几个平时要好的朋友一起,搭乘滇越窄轨小火车,来到了距昆明东南五十多千米、宜良县境内一个叫作可保村的地方度假。这里山川秀美,空气清新,有丰富的矿产和地热能源,已经有煤矿在开采,村边还有许多温泉。十分难得的是,离村子不远就有中国九大高原湖泊之一的阳宗海。刘东生和同学们发现云南等祖国西南部的有些地名很有意思,池塘、湖水无论大小，统统都称为海，而万仞高峰却又有被叫作坡的。当地民谣有"滇池无边，阳宗无底"的说法，就是说阳宗海深不见底，最深处 30 米。而阳宗海正是由高原断层陷落形成的凹地积水而形成的湖泊。湖岸平直，湖水碧绿清澈，是游泳的好地方。

刘东生和同学们一到这里就迷上了宁静的高原湖泊和淡泊的乡村生活，他们住在温泉旁的小旅店里，为了节省开支，他们还自己买了米面、蔬菜，学着自己做饭吃。就这样，刘东生上午看书学习。看书看累了，傍晚就约同学一起去阳宗海游泳。阳宗海是青年刘东生所见过的最大最美的湖，清澈静谧有如仙境一般。阳宗海的晚霞尤为壮观，刘东生和同学游泳后，常常坐在湖边休息观赏不忍离去，对童年时背诵的王勃诗句"落霞与孤鹜齐飞，秋水共长天一色"有了更深刻的体会。沿湖景色也十分秀丽，周围山峦岩壑嶙峋，陡峭峻拔，宛若图画。他们游泳回来，晚上还可以冲个温泉澡再休息。在这样的自然环境里，刘东生的身心得到了放松和休整，生活过得充实而有规律。只是，他依然记挂着还在日寇铁蹄下的故乡亲人的安危，唯有努力读书学习来排遣内心忧愁。

在这个假期里，刘东生的英文水平和专业知识都得到了很大提高，他读的是英文版《地质学教科书》的影印本，一边读一边抱着一本《英汉词典》，遇到不认识的单词随时可以查阅，也有时请教身边的同学。开始时他读得有些慢，等到了暑期快结束的时候，就明显快了起来，字典也查得少了。等他读完这本大厚书，再读另外的地质学英文教科书、参考资料和科研文献的时候，就感觉轻松多了，能够不费力气地顺畅读下去了。刘东生很满意自己发明的这种学习方法，管这叫作"蚂蚁啃骨头"读书法。他还在以后学《地貌学》和《矿床学》课程时,也采用了同样的方法。他对美国地貌学家约翰逊(D.W.Johnson)和美国矿床学家林格伦(W.Lindgren)的经典论著进行了细致研读。啃了几大本英文原著后,刘东生感觉自己进入了一个地质知识海洋,一些之前的困惑和难题逐渐解开了,思想认识也有了一种顿悟式的飞跃,愈发感受到了地质科学的神奇魔力。

以后几年的暑假,刘东生和同学们还去过几次可保村。在多年之后,工作之余,刘东生依然保持着阅读地质英文杂志和科研资料的良好习惯。同时,他也十分怀念宜良可保村的暑期读书生活,怀念那里美丽的阳宗湖水和晚霞。

1940年夏天,刘东生和班上的同学跟随地质地理气象系主任孙云铸教授到昆明北面的二村进行野外实习。在那里,刘东生结识了两位学长,就是高他两届的毕业班学长徐煜坚和米泰恒,两人当时也在二村为毕业论文采集资料、测量与填绘地质图。徐煜坚1937年就读于清华大学地学系,他告诉刘东生"七七事变"后自己滞留北平时发生的一些事情;介绍了美籍德裔地质学家葛利普(Amadeus William Grabau)因为腿疾走不了而留在北平,主动把北大和清华学生请到自己家里上课时的情景;告诉他,葛利普曾到协和医院,保护过在那里的原实习部地质调查所北平分所的人员和财产。刘东生听了感动不已。徐煜坚还买了一本《居里夫人传》,看完后赠给了刘东生。那本书在那个年代里是非常珍贵的,刘东生读后从中领悟到了居里夫人淡泊名利、无私奉献的科学精神,并深深地为居里夫人那种对科学事业坚定的信念和执着的追求所感动。

徐煜坚还推荐刘东生读一本瑞典探险家斯文·赫定的关于

探险的书，其中说到斯文·赫定在我国新疆塔克拉玛干沙漠探险时，遭遇严重缺水，面临生命危险，仍坚持不懈地四处寻找，终于找到一处泉水，神奇地用皮靴装水救活了同伴和向导。两人的老师袁复礼教授就是在新疆和斯文·赫定一起并肩工作过的，他们也为此感到高兴和自豪。刘东生明白，地质工作其实说到底就是一种探险事业。越是人迹罕至的地方，往往蕴藏着不为人知的宝藏，无限风光总是在险峰之上。地质人的乐趣也就在于征服危险和战胜困难之后，最终赢得胜利的喜悦。

　　在大学时期以及以后的岁月，徐煜坚学长对刘东生的成长产生了积极的影响。徐煜坚毕业后即跟随叙昆铁路沿线地质矿产调查处的负责人王超翔，在宜良一带从事地质矿产调查和绘制地质图；在可保村他们遇到了来这里度暑假的刘东生以及本系同学朱之杰，刘东生和同学也申请加入了地质调查小队。

　　一天午后，调查小组成员们登上了宜良海拔2820米的梁王山，这是云南最高的山峰了，方圆数百里尽收眼底。正值雨季，刚到山顶的他们接受了一场雷雨的洗礼，没有地方避雨，大家就挤在一起互相依靠着等雨停。好在夏天都是短时雷阵雨，不大一会儿就云开雨停了。俗话说，彩虹总在风雨之后，这话一点也不假。突然之间，在山脚下，他们看到了一轮美丽的彩虹，横跨在浩渺的阳宗海面之上，令他们欣喜不已。他们把身上的湿衣服脱下来，挤干了雨水，摊在石头上慢慢晒干。看着彩虹一点点变淡，湖水变得更加湛蓝。而在山的另一边，掩映在绿树丛中的宜良坝子村户人家已开始升起袅袅炊烟。在一天之内，他们既经历了风雨的考验，也看到了最美的风景，在山上他们还看到了元代梁王屯兵的多处军事遗址，感受到了历史的变迁。

在下山的路上,他们仍沉浸在喜悦之中,赞叹祖国的大好河山,感受从事地质工作的生动和乐趣。就这样,刘东生和同学们一起从早忙到晚,跑野外进行实地考察,做考察地图,找化石,打岩石标本,并写成分析报告。

徐煜坚告诉刘东生,他在中国第一份学术期刊《地质汇报》创刊号看到丁文江先生引用的德国地质学家李希霍芬(F. Richthofen,1833—1905) 的一段话。李希霍芬在1860年—1872年间,曾先后8次来中国台湾和大陆14个省区进行地质调查,著有学术专著《中国》(China)5卷,外加一本图册。他在第一部(1987年出版)的"序言"里,针对当时中国知识分子阶层有过这样一段描写:"中国知识分子是迟钝的,对快速发展的社会是持续的阻碍,他们不能在民间传统的成见中使自身的行为得到解脱。""步行在他们眼里是低贱的,地质学家的工作更是放弃了所有人类的尊严。"徐煜坚说,丁文江引用这段话就是为了劝诫和挑战中国的知识分子,身为地质工作者,要热爱大自然,勇于出野外,乐于出野外,要从实地考察中得出正确的结论。而中国的一批最早的地质工作者,包括刘东生的老师袁复礼,他们用自己的实际行动回应了李希霍芬的挑战。

俗话说同类相惜,真诚的刘东生在青年时代交了几个真诚的朋友,徐煜坚就是其中之一。有这位大他几岁的朋友的引导和帮助,刘东生如虎添翼,受益终身。他在此后60多年的地质生涯中,跑遍了全中国的山山水水,考察过世界许多地方,包括南北两极。他和徐煜坚后来同在中国科学院地质研究所长期共事,刘东生十分佩服徐煜坚在研究新构造运动、地震地质等方面的开拓性贡献。

第九章

艰苦的大学生活

在现今的云南师范大学大门的左边写着"中国历史名校国立西南联合大学旧址",右边写着"刚毅坚卓"的古老校训。中心花园内,古色古香的三角纪念亭呈等边三角形排列,铭记着北大、清华和南开大学的那一段共同的历史。当年的"民主草坪"绿草茵茵,已成为师大学生们课余最喜欢流连的地方。

联大旧址如今是云南师范大学老校区所在地,校园的一角设立起联大纪念馆,恢复了当年平房教室的样子,仍保留着一栋用斑驳铁皮覆盖屋顶的房屋,牌子上书写着白底黑字——国立西南联合大学原教室。这是西南联大仅存的土坯墙教室,上面是由一块块马口铁做成的屋顶,每当雨季,繁密的雨点落在屋顶上叮当作响,有时候,雨声太大,甚至会盖过了课堂讲课的声音。

当年，曾有一位幽默而富有诗意的教授在雨声太大时不得不对同学们说："接下来的时间请同学们赏雨！"

刘东生在联大的生活是十分艰苦的。他也是到了昆明以后，才对联大的一些情况有了进一步的了解。

当时的昆明，涌入许多躲避战乱的人，又凭空增加了一所大学，生活一下子紧张起来。学校刚迁到昆明，租借了一所学校空出来的校舍上课（原来的学校已疏散到乡下），校舍分散在城内和郊外。就在1938年7月（刘东生入学时），当局和学校克服经费困难，四处奔走求助，并向银行透支借债，于1939年在大西门外买到124亩（约8万多平方米）荒坟地重建新校舍（今云南师大校址）。新校舍全是泥地土坯墙、木格窗的平房。除图书馆是瓦顶外，教室是铁皮屋顶，宿舍则全是草顶。新宿舍由梁思成设计，但因经费严重不敷，建筑大师也巧妇难为无米之炊了。

联大学生当时都是流亡学生，家在沦陷区，没有经济来源；1938年5月4日开学时，学生的衣食住行非常简陋：学校当局发给男同学每人一套黄布制服，学生帽一顶，绿色松紧绑腿一副，黑色棉布大衣一件，旧轮胎底的粗制皮鞋一双——这些行装一直穿到毕业。教室里夏天犹如蒸笼，冬天寒风穿堂入室，雨天铁皮屋顶叮当作响，教师讲课要大声喊叫，正所谓"风声雨声读书声声声入耳"。没有课桌，一把把"火腿椅"便兼课桌；之所以叫"火腿椅"是因为右侧有个比较宽的扶手，可以放本子记笔记，很像云南的特产火腿。一间宿舍住40名学生，一遇大雨，双层木床上便成"泽国"，脸盆、油布、雨伞全派上了用场。

校内无自来水，师生自己动手打土井。土井常是浑水，每逢昆明旱季，土井枯涸，连浑水都没有了。在学生的伙食方面，政府发给每位学生八元法币作为每月生活费用,除缴伙食费五元外,三元零用。联大的厨房当年由学生们轮流兼职。烧菜只放很少的油,烧饭用的水是土井水,米汤酸得跟醋一样,所以要找食堂很容易,哪里有股酸味就往哪里去。吃的是糙米和无油无肉的菜,大家不以为苦,反而幽默地说,是吃"八宝饭"。行的方面只有步行,穿的袜子是将绑腿剪成一段一段的,一端用针缝好,另一端套在脚上,就是袜子。少数同学有一件破旧的西装,就是惹人注目的华服,以至有别的同学进城时就总是找他们借穿。新校舍是在坟地中开辟的,泥土松软,下雨时到处是烂泥,路上是大大小小的水坑,一双鞋子穿一个雨季就烂了。鞋底通了,同学们就称之为"脚踏实地";鞋的前后都有了破洞,同学们就称之为"空前绝后"。好在是在昆明,联大贫穷的学生们还可以省一点开支——昆明天气温暖,大家很少穿袜子,也很少穿棉衣,着实省了一笔钱。

教师们的生活条件也十分恶劣。教授们从前在北平和天津过着优裕的生活,现在一下子变得家无隔夜粮。由于物价飞涨,生活负担更重,不少教授连粗茶淡饭都难以为继,为养家糊口而奔波,常喝稀饭无粮,常卖家具典书。像闻一多先生这样的知名教授除兼课外,还得为人治印换取润金来维持全家生活。朱自清教授过冬时连一件棉袍子都做不起,就买了件赶马人披的那种便宜的毡披风,出门时披在身上,睡觉时当褥子垫上,仍旧不断地授课、著书、写文章。他披着这种毡披风旁若无人地走在昆明大街上,坦然自得,一点儿不觉得寒酸。吴大猷教授常常身穿补着大膏药一样的补丁裤子站在讲台上,仍然侃侃而谈。曾昭抡教授的鞋子总是前后见光,既通风又透气。

为了维持生活,坚持学习,全校一半师生都到校外"兼差",勤工俭学。他们进入了昆明的各个阶层,从事形形色色的职业。大多数是做家庭教师或中小学教员,也有到报馆当编辑的,还有做电灯匠、油漆匠、邮差、售票员、广告员、卖报郎的……甚至大西门城楼上打午炮报时的活计也被联大的学生包了,他们风雨无阻,每天准时鸣炮。兼差耗费了同学们不少的精力和时间,但却使他们体验了生活,了解了社会,磨砺了意志,同时为社会做了大量有益的事情,与底层人民建立了深厚感情。吴晗教授被迫把珍藏的史书当给了云南大学图书馆;闻一多先生公开挂牌刻章治印维持生计;赵忠尧教授在乡下靠制肥皂来维持全家生活;清华大学校长、西南联大常委梅贻琦的夫人、教授潘光旦和袁复礼的夫人等推磨做糕点,取名"定胜糕",卖给昆明老牌的糕点铺"冠生园"。

然而,师生们安贫乐道,以天下为己任,读书不忘救国,救国不忘读书,意识到肩负的历史重任,形成了刚毅坚卓、刻苦钻研、勤奋学习的优良风气。

在昆明,大家吃饭都成问题,就更不敢奢望买好书了,再说珍贵的图书在昆明也无法买到。联大学生读书,便只能求助于联大的图书馆,图书馆前排长龙的现象十分普遍。图书馆的阅览室每天开放14个小时,仍难以满足同学们的需求。无论酷暑和严寒,室内都座无虚席,鸦雀无声,人人争分夺秒地学习。由于经费困难,图书添置不多,每次阅览室开放前,门外聚集了很多同学,黑压压的一大片。门一打开,便蜂拥而入,抢着去借书处前排队借各种指定参考书,或是去阅览室占座位。阅览室座位拥挤,宿舍光线太暗无法看书,学校附近的茶馆便成了同学们温习的好地方。三五好友来到茶馆,叫上一壶茶,铺开讲义笔记,一边读书,一边讨论,茶泡得一点颜色都没有还不忍离去。不少人的论文和读书报告都是在茶馆里"泡"出来的。对于这种难以想象的艰苦生活,师生们不以为苦,反以为乐,忧国忧民,不甘沦亡,相携相持,艰苦奋斗。无怪乎幽默大师林语堂1940年初留洋出国路过昆明作演讲时惊叹地说:"联大师生物质上不得了,精神上了不得!"

西南联大的校训是四个大字:刚毅坚卓。我们可敬的教授、学生们用自己的行动诠释了这几个闪光的大字。他们不畏强暴,不畏日本飞机的轰炸,不畏吃的是掺着砂石的粗米饭,不畏住的是难以遮风挡雨的陋室。他们对知识的渴求与报国之志完全融为一体,一种强烈的责任心促使他们置一切艰难困苦于不顾,只朝着一个目标前进。

第十章

"跑警报"

刘东生在西南联大上学期间,正处在中国抗日战争的艰难时期。日寇经常对昆明进行空袭,刘东生和老师、同学们感受了一次又一次"跑警报"的紧张。

1938年9月,刘东生刚到昆明不久,就听说西山的华亭寺有提供给居士、僧人居住的空房,可以去那里和僧人一起吃住(需要相应的给一点布施)。他就约了黄振威、莫松森(莫德惠的儿子)、王应先等同学到华亭寺去住。西山顶设有气象站,联大地质地理气象系的同学常去那里实习和观察。那里视野开阔,风景优美,能够俯瞰不远处的滇池水面。

9月28日这一天让刘东生终生难忘。正在华亭寺的刘东生突然听到有巨大而凄厉的警报声从市区传来,连忙和同学跑到寺外的山坡上,向东南方向的市区眺望,特别是他们学校的方

位,那时他们在昆华师范学校上课,关心着学校的安危。

警报响起不多一会儿,只见日寇飞机编队从北向南飞了过来。三架飞机为一组,前面一架、后面两架呈人字形,是一个小队;三组"人字形"是一个中队;九组"人字形"组成了一个飞行大队。飞机飞得很低,就像巨大的蝗虫。不久,中国空军开始起飞迎敌,从后面向日机发动进攻,日机急忙向地面目标抛下炸弹。所经之处,浓烟滚滚,房倒屋塌,特别是小西门一带。昆华师范学校被炸得最严重,刘东生和同学们看在眼里,痛在心中,都十分焦急。

待日寇飞机离开,警报解除,他们收拾东西急忙赶回昆华师范学校,只见他们的宿舍已被炸成了一片瓦砾废墟。刘东生有一位同学最为不幸,他是头一天才从天津来到昆明的联大一年级新生,警报声响起,他不知道往哪跑,就躲在屋檐下面,被炸弹震落的瓦片砸中头部,当场身亡。还有一位物理系的南开同学,被弹片炸穿了头顶部,脑叶受伤,伤好之后留下终生残疾,无论白天黑夜,脑伤不定时发作,发作时大叫:"好!好!好!"学校只能安排他一个人住一间小屋子。还有两位同学在警报响起时,慌乱中从楼上跳下而摔断了腿,做了截肢手术。此次为日本飞机第一次轰炸昆明,据当时统计,"昆明死伤甚重,计轻伤60人,重伤173人,死亡190人;其他血肉横飞,尸身难觅者尚不知多少。"

从此,在昆明城,联大师生"跑警报"就成了经常的事情。

联大师生上课时,每当空中响起凄厉的警报长鸣声,就赶紧往外跑,可是校园周边都是水稻田,又能往哪里跑呢,大家只好一头钻进水稻田,趴在正生长的水稻间,将脸抵到水面上。不久，敌机低飞俯冲而来，机翼上的太阳旗清晰可见，机关枪"哒哒哒"向地面无情地扫射；敌机盘旋一阵慌忙飞去，师生们才爬起身，鱼贯回教室，继续上课。

1940年10月13日，23架日本飞机飞临昆明上空进行轰炸。和以往不一样的是，这次轰炸是以西南联大和云南大学为攻击目标的。轰炸过后，联大房屋被摧毁无数，瓦砾成堆。

为了能在日本飞机的频繁轰炸下保持正常的教学秩序，1940年10月联大常委会决定："各院系上课时间，除假日外应自每日上午七时起至十时，下午三时起至六时、七时至九时止。如遇有空袭警报时，应一律停课疏散，于警报解除后一小时内，仍照常上课。"

1940年—1941年是日军轰炸昆明的高峰时期，"跑警报"也成为联大师生们最为频繁的日常课程。当然，经历了频繁的"跑警报"，大家也少了一点恐慌，多了一分镇定。当时，昆明的防空警报分为三种：预行警报、警报、紧急警报，它们代表不同的危险程度。一般日本飞机都选择能见度高的时候来空袭，所以有经验的昆明市民早上起来如果看见天气晴朗，就携带贵重物品、干粮等外出躲警报，时称"跑晴天"。联大教授中似乎少有"跑晴天"的，有的甚至对跑预行警报甚为不齿。

西南联大教授的"跑警报"是和学生不同的。刘东生和同学们一起经常说起联大教授们形形色色的"跑警报"趣事。

一般人跑警报都要携带一个布袋、一个包裹，或是一个小提箱，装上贵重物品及食品之类。有人称之为"疏散袋""警报袋"。西南联大的教授们所带的"警报袋"里一般装的是书稿，他们大多一到目的地，就坐下来看书。当然有时也以闲聊来消磨躲警报的时光。费孝通"跑警报"时,有时也带本书,可是心里终究有点异样,念书也念不下去,他认为"最好的消遣是找朋友闲谈了"。吴宓在躲警报中大都是闲聊,却也看了《维摩诘经》《涅槃经》《佛教史》等书。意外的是,哲学心理系教授金岳霖有一次带着已经写好的书稿《知识论》"跑警报",他将包好的书稿垫在屁股下面,不料警报解除后忘记带回,导致数十万字的书稿丢失。

在"跑警报"中上课是西南联大教授的另一种风采。一天,社会系教授陈达正上人口学课,突然警报响了,他带着学生到郊外躲警报。找到一片茂密的树林后,陈达在林中一堆坟头上讲课一个半小时,学生将笔记本放在腿上边听边记,吸引得其他一些疏散的人也来听讲。

从容"跑警报"的,梅贻琦可以算作代表。平时,他穿着整齐,永远拿一把张伯伦式的弯把雨伞,走起路来非常稳重,极富绅士风度;遇有空袭警报时,他同样不慌不忙,与其说他是"跑警报",不如说是"走警报"。有人回忆:跑警报的时候,周围人群乱哄哄,梅贻琦还是不失仪容,安步当车,慢慢地走,同时疏导学生;和一遇紧急警报就连滚带爬地在山坡上跑的个别教授相比,他显得更加镇定自若。

也有不"跑警报"的教授,闻一多就是一位。据从西南联大毕业后

闻一多(1899年—1946年),文学家、现代诗人

在中文系任过助教的詹锳回忆,当年在西南联大时自己曾抱着闻一多先生的《唐诗大系》手稿跑过警报,"但是闻先生从来不跑警报,他怕跑警报耽误时间,在自己的院子里挖个防空洞,日本飞机来时,下防空洞躲一躲就算了。"然而,一次日机来袭时,闻一多急着外出寻找两个上学的儿子,空袭中,他靠到墙边躲避,一串炸弹掉在旁边院子里,强烈的爆炸把墙上的砖石震掉,砸破了闻一多的头顶,顿时血流满面。幸好有街头救护队及时赶来抢救包扎,伤势还不太严重。

1941年,住在昆明市西北郊黄土坡的华罗庚在一次空袭中被埋在防空洞里,众人花了几个小时才将他救了出来。华罗庚的长子华俊东回忆这次经历:"我父亲躲的山洞全垮了,垮了以后全埋在里头,幸亏联大的学生帮他挖出个喘气的地方。后来把人挖出来,挖出来以后,眼镜没了,穿的长衫后半截没了,后来他咳嗽都会吐血。"

"跑警报"不仅危险、费时且让人心神难安,但也有人从中找到一些乐趣。如先任教于云大、后又任教于联大的社会学教授费孝通认为,"警报帮助了不少情侣","有警报的日子,天气也必然是特别晴朗的,昆明深秋和初冬的太阳是分外的可爱,风也温暖。在这种气候里,谁不愿意在郊外走走。"时任西南联大经济系教授的陈岱孙在后来回忆到,"警报一响,师生一起跑出去,敌机飞到头上时,大家一起趴下,过后学生一看,原来是某某老师,相视一笑。大家风雨同舟,患难与共,这也是好学风。"在"跑警报"中师生之间的距离一下子拉近了许多。也有人从"跑警报"中感受到了集体生活的妙处:跑警报时间长了,大家见面时都面带笑容,好像有一个共同的命运把大家融合在一

起,生死存亡也置之度外了。

"跑警报"是日军空袭下的一种特殊生存方式,充满艰辛。然而,在西南联大教授们的眼里,它也能带来许多"正能量"。朱自清这样说:"敌机的轰炸是可怕的,也是可恨的;但是也未尝不是可喜的。轰炸使得每一个中国人,凭他在哪个角落儿里,都认识了咱们的敌人;这是第一回,每一个中国人都觉得自己有了一个民族,有了一个国家……谁都觉得这一回抗战是为了咱们自己,是咱们自己的事儿",敌人的轰炸"只使咱们互助、亲爱、团结,向新中国迈步前进"。曾任教于西南联大外文系的冯至教授也有类似的看法:"这么大的一个中国,不知有多少大大小小沉睡着、甚至是昏睡着的城市。昆明也是其中的一个……敌人的侵略也在起着把它们摇醒的作用。"文学院院长冯友兰则直截了当地称"跑警报"是对时人的"警策",他指出,一般人对于抗战的警觉、热烈似乎不及从前,往好处说,是镇静,往坏处说,是疲玩;毕业生选择职业所取的标准是看待遇的优厚,所以宁愿去银行等金融财政机关,而愿去军事机关服务者,不如以前踊跃;教授中间原来见面时总在讨论抗战的消息和国际局势,现在讨论的多是米价的高低,油盐的贵贱;这些都是可以理解的。但是,我们是否果因对于生活的注意,而减少对于国家民族的热诚,以及工作的效率,这是我们所应当反省的;"这次敌机轰炸予我们一种警策,使我们对于自己的工作,做一反省"。有的教授意识到了"跑警报"对提高青年修养的作用。潘光旦就持这样的观点:"疏散之发,自修养之立场言之,乃竟有若干不期然而然之收获",这个收获就是青年学子在"跑警报""时间解放"之际,可以收到使心境"复归于清空广大与活泼之境"的效果。

喜好佛学的吴宓作于 1940 年 10 月 23 日的一首诗《昆明近况》："三年好景盛昆明,劫后人稀市况清。入夜盲鸡栖密架,凌晨队蚁涌空城。梦疑警笛鸣锣响,途践土堆瓦砾行。缘会难期生死迅,皈依佛理意安平。"对"跑警报"的感受平淡而理性,充满看透生死的意味。

日军的野蛮轰炸并没有吓倒西南联大的老师和同学们,相反频繁的"跑警报"使他们更加清醒地认识到了"中兴业,须人杰",立志为造就祖国高素质的一流人才而努力;同时也强烈地产生了"便一成三户,壮怀难折"(联大校歌歌词)的坚持抗战胜利的决心和信心。

1941 年 8 月 1 日,由陈纳德将军率领的美国空军志愿援华人员来到昆明,组成"飞虎队"。12 月,飞虎队在昆明上空对日机进行了摧毁性打击,从此日军对昆明的轰炸渐渐少了,大家不用再"跑警报"了,但"跑警报"的经历却让刘东生和同学们铭记在心。

1943 年 10 月,教育部下令征调应届四年级男生入伍为美军翻译。校长梅贻琦宣布,四年级同学服役期满发给毕业证书。低年级同学志愿应征期满返校,可免修一个常年的学分。结果,西南联大 1940 年入学的学生全部入伍,梅贻琦的长子梅祖彦和女儿梅祖彤也自愿报名,分任美军翻译和军中看护。西南联大先后共有 834 名学生投笔从戎(其中 5 人殉职)。

今日云南师范大学的东北角,树有国立西南联合大学纪念碑,是联大三校于 1946 年 5 月 4 日为复员学生所立。纪念碑正面碑文由联大文学院院长冯友兰撰文,中文系教授闻一多篆额,中文系主任罗庸书丹,人称"三绝碑"。碑的背面,刻满了当

年投笔从戎的834名学生的名字。一位名叫许渊冲的学者,几十年后来到西南联大纪念碑前,指着碑上的名字哽咽着说:"我名字前面五位都是我的同班同学,他们都牺牲了。"这些联大学子"我以我血荐轩辕",为祖国的解放事业献出了年轻的生命。

令日本军国主义者没有想到的是,仅仅二十多年后,也就是1964年,在中国爆炸的第一颗原子弹设计方案上签字的,正是当时参加过"跑警报"的西南联大学生邓稼先。为了新中国的核武器事业,邓稼先同样是"我以我血荐轩辕"。联大学生、诺贝尔奖获得者杨振宁博士曾说过,正是在这种艰难的情况下,他在两位导师的辅导下,完成了对他一生科研事业起决定性作用的学士论文。另一位诺贝尔奖获得者李政道博士,也是在西南联大完成了他的物理学业,为他日后的成就奠定了至为重要的基础。

刘东生和联大师生一起度过了这段峥嵘岁月,他在后来回忆时说:"当年艰苦的学习条件和生活激励我们,要严格要求自己,认真读书,认真做人,坚持进步,坚持革命。坚持就是胜利!"西南联大自由而又严谨的学风、蓬勃向上的精神面貌、"坚毅刚卓"的校训,也对刘东生的一生产生了极为重要的影响,他说过:"66年来,我感觉自己从来没有离开过西南联大。"

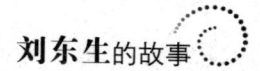

第十一章

毕业前后身患胃病

　　1942年,刘东生即将大学毕业。对于他来说,当时最为要紧的事情就是赶写毕业论文。一般在大学三年级就开始准备毕业论文了,为了方便写作,一般是按照选题组成几个人一组的论文写作小组,刘东生就和同班同学罗明远、司徒愈旺三人组成一小组。这两位合作者也是刘东生的南开中学同学,到西南联大后都转了地质地理气象系。他们选择昆明西北边不远的武定县与禄劝县作为有关古生代地层的毕业论文的研究区域,那里古生代化石也很多,以前也少有人去考察研究。当时禄劝县的县长是他们的同班同学莫松森的哥哥莫少柳,有任何需要也会得到一些方便和支持。从大三的暑假开始,他们三人就到那里去从事地质调查,采集了大量泥盆纪鱼化石,做了大比例尺地质图填绘等工作。地质系教授王恒升、助教王鸿祯曾去他们小组研究区域检查指导过。

但这时刘东生的胃病却严重了起来。主要原因是他长年跑野外考察,吃喝都是生冷的,常常饥一餐饱一餐,也不能按时起居休息。但是,他不敢耽误时间,都是咬牙忍住病痛,继续跑野外、查资料、做研究,只为了在大学四年时间尽量多地掌握科学知识,早日报效国家。他的胃病在得不到医治的情况下渐渐重了起来。在当时缺医少药的状况下,地质学、生物学等野外工作者中很多人患上这种职业病,病情有轻有重,受当时的医疗条件所限,中央大学教授、著名地质学家朱森和西南联大教授、著名植物学家吴蕴珍都死于胃病综合征。刘东生的心情随之紧张起来。

这种病对饮食也有很高的要求,昆明的生活又极端艰苦,一直到毕业以后的一段时间,他都还在治病休养之中,毕业论文也受到了影响。虽然他心急如焚,但体力不支,也只能徒呼无奈。况且他们三人小组成员

刘东生在云南禄劝野外考察,收集毕业论文资料

之一的罗明远同学父亲病故了,他回家奔丧,安慰母亲,来来回回也耽误了较多时间。这样他们三人的毕业论文写作小组就没能按期完成。然而,联大不愧是联大,并不过分拘泥于形式,而是全面综合考量一个人的毕业成绩,由于他们三位同学平时学

习刻苦、勤奋,成绩优异,念完了规定的必修课程,不但规定的学分修满了,还有超出。所以,1942年夏天,刘东生的小组三人全部顺利毕业。这对于治疗中的刘东生无疑是一种极大的安慰。

　　对于联大四年的求学生涯,刘东生十分尊敬和难忘的是他的老师们。他们在国难时期所坚守的理想信念和高尚情操让他的内心充满钦佩和感激,没齿难忘,终身受益。地质专业的教授阵容强大,教学也很有特点,那就是联大的治学方针之一:通用课较多,冷门的专业课较少,为学生毕业后找工作拓宽了就业领域。当时还有许多年轻的讲师、助教,他们认真负责,为学生们提供了大量的辅导和帮助。当时的研究生黄元中、董申保、罗开富等也有时兼助教。这些教授、讲师和助教后来终生从事地质工作,建国以后大多当选为中国科学院学部委员、院士。可以说,西南联大为祖国培养和输送了一大批顶尖级的精英人才。现在的院士中来自西南联大的有90人,其中中国科学院院士80人,中国工程院院士12人(朱光亚、郑哲敏为双院士)。国家最高科学技术奖获得者三人(地质地理气象系的刘东生、叶笃正和物理系的黄昆)。

　　毕业后的刘东生没有立即找工作,身患严重的胃病,他不敢大意,开始一心一意地治病、养病。当时昆明得胃病的人不在少数,主要是从全国各地涌入昆明的人多,动荡迁徙,物质生活得不到保证,加上当时物价飞涨,营养条件差,大部分人身体都不太适应,再加上工作、学习辛苦,积劳成疾。那时,一般穷人是看不起病的。缺医少药的情势也造成一些私人医生唯利是图,就地起价。刘东生的老同学朱之杰也患了胃病,在四处求医。他们打听到有一位从南京来的名医王苏宇,早年曾留学日本和德国,抗战期间也来到昆明,此人医术高明,而且性情耿直,遇到谈得来的病人会照顾有加,并不看重你口袋里有没有钱。老同学朱之杰先去了王苏宇大夫位于昆明翠湖东路的家里找他看病,却是话不投机,把王大夫得罪了,直接下了逐客令。刘东生再去看病,就更加谨慎小心了。

那天一大早,刘东生就独自一人来到了王苏宇的诊所,诊所在楼上,地方干净宽敞。王苏宇留着一撇小胡子,双眼炯炯有神,不苟言笑,透着一股不怒自威的严肃。刘东生恭敬地打了声招呼,慢慢地坐下来,才小心地把自己的病情向王大夫做了陈述。王苏宇这天心情不错,和他攀谈起来:

"你家是哪里人?"

"沈阳人,家在北平。"他回答。

"是流亡学生吧?有钱吗?"王大夫又问。

刘东生据实回答说:"没有钱。和家里联系不上。"

"你得了这个病,这样子怎么能行呢?你得听我的!"

"好,好!全听王大夫安排!"刘东生连忙点头。

王大夫要求他先躺着静养三个月。不能吃荤,什么四条腿的、两条腿的、没有腿的都一概不能吃,每餐只可以吃素菜,还要煮烂成流质状的吃下去。这时候的刘东生住在他父亲一位朋友常季高的家中,严格按照王大夫的吩咐,每天打鲜豆浆,把煮开了的豆浆灌在暖壶里,两三个小时喝一次。他想快点好起来,不但不吃荤,有时连蔬菜也不敢吃,以至于维生素等营养摄入不足,牙齿坏掉了几颗。就这样他躺着静养了三个月。

三个月之后,病情有所好转,王大夫建议他打针继续治疗。

用的两种针剂很贵，都是进口的，需要每天各打一针，一个多月为一疗程。刘东生囊中羞涩，本来是买不起的，却吉人天相，在这时遇到了沈阳的小学同学唐文键。唐文键了解他的情况后，请他正在跑缅甸等地做西药生意的弟弟唐文达慷慨支援了刘东生一个疗程的针剂。

这样，刘东生每天早早地就到王苏宇大夫家，在他书房等候。书柜里有很多影印的德文医学书籍，王大夫是个勤奋好学的人，因此对有着踏实精神的刘东生也产生一种由衷的好感。等到打完一个疗程的针，他的病情没有完全好，需要再打一个疗程。到后来药不够用了时，王大夫就自己拿药给刘东生继续打下去，并不收任何费用。由于经常在王大夫家走动，刘东生慢慢地和王大夫彼此加深了解，成了忘年交。有时候，他也帮助王苏宇做点力所能及的事情以作报答。

著名文学家、书法家胡小石曾任北京女子高等师范学校、武昌高等师范学校、金陵大学、中央大学等校教授。1939年他也在昆明，任云南大学文学院院长，和王苏宇是挚友。1943年正逢云南省财政厅厅长缪云台（改革开放时期曾任全国政协副主席）五十大寿，请胡小石教授写祝寿颂词。那天，胡小石来到王苏宇家时，谈起他要写祝寿颂词之事，询问有没有快捷的方法可以在宣纸上打格子。刘东生当时也在，他学过工程画，于是跃跃欲试。他找到西南联大工学院一位同学，一起小心谨慎地用鸭嘴笔把八张宣纸条幅都按胡小石先生的要求打好了方格子。当胡先生在王大夫家写颂词时，刘东生就在一旁把关提示，以防漏写，写了好几天。经过几天的相处，胡小石先生也十分欣赏这个来自北方的勤快忠厚的后生，等把祝寿颂词书写完后，又另外亲笔书写了一个条幅送给他作为纪念。不久,胡小石听说刘东生要申请去新疆从事地质研究工作(后来没有去成),还写了一首诗勉励刘东生。刘东生一贯质朴和谦逊的作风,深受王大夫和胡先生赞赏。刘东生在王苏宇大夫和胡小石教授的治疗和关怀下,安心静养,胃病也终于逐渐痊愈。

从他1942年毕业前后到1944年离开昆明,治疗胃病顽疾和养病花去了他大量宝贵的时间,但他并不后悔,甚至觉得十分必要,因为这场不大不小的病对他是一种考验,不光是磨炼了他的身体,更是磨炼了他的意志。这场病推迟了他作为一名大学生真正进入社会舞台的时间,但也使得他的大学时光不仅止于学习和积累各种知识,而且让他对生命、对现实有了更深切的认识和理解。其实,按照中国传统医学观点,人是一个和谐的有机整体,一个人得病是因为存在不和谐因素,身体才发出的报警信号。战胜疾病的过程也就是自我能力提升、思想认知力提升的过程。因此,与按时毕业离开昆明的同学相比,刘东生其实是多修了一门功课,给未来多做了一份准备。参加工作以后,他也十分注意身体的保养,在繁忙的工作中总是保证充分的作息时间。"身体是革命的本钱",刘东生切身感受到这句话所言不虚。

1944年,刘东生准备离开昆明前往成都了。临行前,他特意去和王苏宇大夫告别,王大夫赠送他许多品种的胃药,叮嘱他继续巩固疗效。刘东生含着泪水依依不舍地告别了王大夫。

第十二章
在抗战服务团空军招待所的日子

在刘东生大学毕业参加地质工作之前,还有一段特殊的经历,那就是参加了抗战服务团,在当年的盟国空军招待所工作了一段时间,地点是在成都。

毕业后刘东生的胃病还没有完全好,就惦记着早日投入他的地质工作生涯,也是因为他始终都有一颗积极进取的心。他最初曾打算跟随老师去新疆工作,但因病未获批准。

那是1944年,王恒升教授接受经济部长翁文灏关于组建新疆地质调查所的任务,遂放弃了在西南联合大学任教的稳定工作,携带家眷,率领西南联合大学一批毕业生、青年地质工作者奔赴条件艰苦的大西北,去迪化(今乌鲁木齐市)进行开创性的地质工作。同去的人中有刘东生的同学司徒愈旺、张维亚、杨起等。刘东生在课堂上多次听老师提到新疆的野外考察,也一直向往祖国的大西北,他就向王恒升老师表达了想去新疆从事地质工作的愿望,然后等待回音,这时他的胃病医治也已接近尾声,但他没有立即收到答复。

待刘东生到达成都以后,才收到王恒升老师的回复信,却是没有批准他的奔赴西北请求,主要原因还是出于对他病后初愈的身体健康方面的考虑。在信里王老师这样说,新疆地处祖国西北边陲,在地质史上目前尚属于各项工作研究的空白区域,且地域广大,气候寒冷,工作条件、生活条件都很艰苦,跑野外工作上难度大,需要壮实的身体,需要地质业务更加娴熟的人员,所以劝刘东生最好现在还是不要去,并让他要多注意身体。

的确,病愈之后,刘东生的胃还很虚弱,需要注意有些食物不能吃,还要注意营养。刚到成都,他也对自己的胃病是否完全康复心存疑虑,为了保险起见,他又去华西协和大学附属医院看了医生,那时的检查条件也简陋,只能靠医生问诊和用手摸。那次没查出什么毛病,刘东生也就放了心,开始筹划找工作的事。

刘东生到成都时已是春天了,成都市区也因为日机的连续轰炸早已满目疮痍,他也没有可以住宿的地方,还是靠老同学帮助,住在成都的一位南开老同学家中。大学毕业开始找工作也是颇费周折,那时也没有人才中介市场,工作很难找。他有一位南开老同学吴讷孙,其父亲吴蔼宸当时调任外交部驻川康特派员,并同时兼任燕京、华西大学教授和中英文化协会成都分会会长等职。这位政界要员同时也是一位学者,著有中英文多部著作。他了解刘东生的情况后,出于爱惜人才,于是就把他推荐到了战地服务团工作。那时通讯也不发达，就在一张名片背后写上简单的介绍，把刘东生介绍给战地服务团负责人黄仁霖，请求给刘东生安排适当的工作。

战地服务团是1943年底为配合盟军援华抗日设立的服务机构。1941年12月8日，日本偷袭珍珠港，太平洋战争爆发，中美军事结盟。蒋介石命令，由军事委员会战地服务团负责为在华美军人员服务（此前，该团曾设立招待所多处，为美国空军志愿大队即陈纳德航空队提供服务）。委派黄仁霖为该团少将主任。为高效快捷运作为美盟军服务和沟通，黄仁霖开办译员训练班，从大后方齐鲁大学、岭南大学、中正大学、华西联大等二十所高校招收了大学生2436人参训，后派赴抗战前线。

战地服务团总团在重庆，下设重庆、成都、昆明、西安四个地区办事处。当时，美英空军部队来华助战，在桂林、昆明、成都等地设立了基地，亟须大批的英语翻译人才和地勤人员，盟军招待所主要负责美空军基地的接待工作。四川在新津、邛崃、彭山、广汉、双流、彭县、凤凰山机场修建了这样一批招待所，为进驻美军提供副食供应、翻译、娱乐、导游、兑换外币等项服务。

刘东生人已在成都，黄仁霖就把他介绍给了成都空军招待所的战地服务团，办事处副主任潘小萼原是金陵大学教授、微生物学家，抗战时期许多大学教授投身军界，办事处还有一位原在燕京大学任体育老师的赵教授。大部分人都有国外留学的经历，英语水平都很高，也是因为工作性质，接待美国空军需要熟练的英语表达能力。战地服务团是需要大量人才的，开始，潘副主任拟派刘东生去四川广汉美军机场筹建一个招待所，刘东生去考察了一下，感觉那里各方面条件都还不成熟，又回到成都。接着，刘东生被派到成都近郊凤凰山机场第二空军招待所做实习生。

在这里，刘东生遇到了一位著名考古专家——时任招待所招待股股长的吴金鼎。上苍似乎比较眷顾病后的刘东生，总是在最关键的时刻遇到可以帮助他的好人。此时的吴金鼎在成都主持发掘研究西郊的王建墓(史称"永陵"，王建是"五代十国"中"十国"之一的前蜀国的皇帝)之后，被他的一位在盟国空军招待所当主任的同乡明天秋挽留，请他来做招待股的股长。他询问了刘东生哪个学校毕业的、所学专业等，叙说起来，原来彼此都有熟悉的人在西南联大，地质专业的袁复礼教授、杨钟健教授都是他的朋友呢。刘东生也对年长自己十几岁的吴金鼎产生了一种他乡遇故知的亲切感。吴金鼎又给刘东生介绍了那里的一些年轻同事，他们有一位是刘东生西南联大的校友梁德本，一位是在山东参加过抗日游击队的戚道顺，还有一位是征调来做翻译官的大学生。

本来刘东生在这里工作只是一种权宜之计，他本打算先工作一两个月后，待在成都站住脚跟，再打算另谋一份和他的专业相关的工作，比如教书的差事。但他在那里工作了一段时间，经常与吴金鼎促膝谈心，也逐渐了解了这位年长他十几岁的考古学家的身世，并跟随他学习了一些对他以后工作有很大帮助的考古学知识。

吴金鼎，字禹铭，山东安丘人，早年毕业于齐鲁大学，1926年考入清华学校国学研究院，师从李济博士研究题目为《中国人种考》。1928年，他参加山东历城城子崖遗址考古发掘，首次发现龙山文化(黑陶文化)遗存；1930年，初到中央研究院历史语言研究所考古组工作；1933年，赴英国伦敦大学留学，1937年，获博士学位；回国后又在中央研究院历史语言研究所工作，最近来四川进行发掘工作以后才留在成都。他发现的龙山文化遗址，在中国乃至世界考古学史上，都称得上是一件具有划时代意义的大事。

吴金鼎(1901年—1948年)著名考古学家

吴金鼎对地质学专业毕业的刘东生青睐有加，觉得他是一个有事业心的好青年，看到刘东生对考古学感兴趣，十分高兴，他还把自己早年所写、在英国出版的厚厚一本考古学专著《中国史前的陶器》拿给刘东生阅读。此书成为当时关于中国史前陶器的最为详尽的著作，是世界各国学者研究中国考古学的必读书目，另外还推荐了一本叫作《考古学入门》的书让他学习。刘东生为此到成都华西协和大学、四川大学图书馆寻找，但都没有这本书。吴金鼎就安慰刘东生说："没关系，我一定帮你找到这本书。"

于是他写信给在重庆经济部中央地质调查所工作的老同学罗明远，让他帮刘东生在重庆的大学图书馆寻找该书。很快，罗明远顺利地借了书籍寄了过来，刘东生读了后立即喜欢上了这本书，竟将一本书完整地抄了一遍。抄书让他既加深了对内容的理解，也方便他以后细致研读。刘东生在学习方面从来不怕麻烦，不怕吃苦，吴金鼎也十分欣赏他这一点。他向刘东生讲述了自己早年参加了河南安阳殷墟、山东章丘城子崖、安阳后岗等著名遗址的发掘经历以及跟从英国的埃及考古学泰斗彼特里教授（Professor F.W.Petrie）在巴勒斯坦时的往事。1941至1943年，他参与对四川彭山汉代崖墓和成都前蜀皇帝王建墓进行清理发掘，为汉代和五代十国时期的艺术研究做出了贡献。刘东生在耳濡目染之下，对考古学产生了浓厚兴趣。

只是，刘东生在空军招待所的工作却十分枯燥乏味，每天就是管理库房和洗衣房，进行繁琐的登记，偶尔也接触美国人。暑假到了，吴金鼎得知刘东生有离开这里另找工作的打算，就极力地挽留他。用他的话来说："如今日本侵略者一天不赶走，国人一天不得安宁，也什么事情都干不成，等打败了日本鬼子，一切都大有可为啊。"他还语重心长地说："我们不需要唱什么'抗日救国'的高调，就在这不为世人所知的凤凰山默默无闻地为抗日战争、为反法西斯战争做出贡献吧！"

刘东生想了想，吴金鼎说的也的确有道理，加上自己胃病初愈，身体不能承受太多的奔波劳累，何况这里有吴金鼎这位良师益友照应，空闲时间可以多读书学习。于是，他又继续留下来工作，这种平和的心态对他的身体恢复十分有利，工作也更加熟练，生活安定，身体一天一天地结实起来，胃口也比以前好，吃东西也不像过去那样受太多限制了。

在凤凰山上，人们常能从土包中翻出有纹饰的古砖，吴金鼎的考古知识在这时就派上了用场。他依据古砖花纹的性质特点，进行鉴定后，推断属于汉砖，进而推断，那个大土包有可能是一座汉墓。

考虑到自己短时间内不打算离开，刘东生也不像刚来的时候那么急躁。随着身体状况的好转，他的心情也释然了许多，开始注意观察他们空军招待所的周围环境,也就是凤凰山,他甚至有些喜欢上了这里。他还写信给家人,详细描述了自己以及凤凰山的情况。

他在信里描述,凤凰山大约离成都北郊6千米远,丘陵形状奇特,由南北首尾相顾的两个山头组成,远观似一只展翅翘望的凤凰,因而得名。凤凰山清静幽雅,空气清新,是一所修心养性的好去处。

一直到全国解放以后,刘东生回归地质学专业,才对成都凤凰山的历史有了更全面的了解:传说仙人张伯子跨赤虎于此处飞升,《蜀典》《成都县志》等典籍均记载着这美好的故事。凤凰山原名石斛山,是道教著名宫观至真观(又名通真观)所在地。三国时期,汉后主刘禅学射于此。隋开皇二年(582年),益州牧在此创建至真观。每年3月3日,成都"倾城庶士"、"四邑居民"到此祈神求福,文人墨客争相朝拜。凤凰山自然景观得天独厚。山下有东风渠、凤凰河二水环绕;山上池塘棋布、沟渠纵横。凤凰山系与成都接壤的浅山丘陵,山脉若伏若连,逶迤而来,到这里势来形止。若从空中鸟瞰,山势恰如一只展翅的凤凰。地质专家评价其山势"类似北京的十三陵"。人文学家将这里称为"踞而侯,揽其有,来积止蓄,冲阳和阴"的"山川融结奇秀之所"。正因为如此,历朝达官显贵纷纷将自己的墓葬安埋在这里,朱明王朝还将凤凰山南麓辟为皇室陵园禁地。清末民初为军营,香火终绝。

当年,蒋介石带着儿子蒋经国从大陆逃向台湾,即从成都凤凰机场起飞的。而进入21世纪,经历了沧海桑田的改变,凤凰机场面临全面搬迁,取而代之的是千亩的生态森林公园,此是后话。

1931年,四川省军政府在凤凰山东南部洼地上修建了民航机场。1937年冬扩建此机场为军用机场,称之为凤凰山机场。1944年夏天,正是抗战激烈的时候。成都凤凰山机场驻扎有美国空军一个战斗机中队,20多架飞机。有一位留美归来的中国空军军官钟某,在美国空军与中国人之间充当联络官。

除了驾驶员,还有许多空军地勤人员,他们都住在空军招待所里。刘东生所在的战地服务团的主要任务也都是围绕着为盟军将士提供周到细致的服务:志愿队员的住宿、膳食、洗衣、理发、办公用房、翻译以及文化娱乐、导游等后勤保障服务。为了使这些美国人如在家里一样自在,所有服务人员都经过专门培训。招待所住房内部设施并不豪华,但都有洁净的床铺和保证热水的淋浴设备。他们知道,这些远离家乡的战士,最挑剔饮食的品种和口味,所以服务团特意挑选了一批善于做西餐的厨师,并且在饮食的品种和数量上严格按照美国军医署统一制定的饮食标准执行。凡在中国能够买到的食品,就由中方采购供应,而乳酪、牛油、咖啡等产品以及中国不生产的东西,则由美方空运。

在飞虎队队员们来华期间,当时的东方大陆对这些飞行员们来说是神秘和充满吸引力的;对于中国军民来说,这些漂洋过海而来的年轻人也同样让他们感到新奇。但是语言不通成为了双方语言交流上的障碍,中国军民为了表达对这些援华作战的年轻人的敬意,于是竖起大拇指,说"dinghao(顶好)"。这些飞行员非常喜欢这个手势,他们经常和当地军民互相竖起大拇指,说"dinghao(顶好)",这成为了当时当地军民和飞虎队队员中的流行语言和动作,有的飞行员甚至也将此标语的拼音写在了飞机以及宣传画上。

但是,在和美国人接触上,刘东生他们却有着严格的纪律,美国空军人员军事上也有一套严格的制度,他们也尽量不和中国人接触,特别是对会说英语的人,他们更是小心回避。主要是战争形势所迫,需要提防间谍。刘东生看到他们每次执行轰炸攻击任务,或者飞出去拦截日机,行动都是保密的。当时,制空权的控制非常重要,轰炸机当时称"空中堡垒"。这些战斗机归来时,有时还携带着激战中不幸阵亡的战友遗体,就近在机场附近的一个专门墓地临时埋葬。而他们每次飞行所用的地图,一回到机场,立即烧掉,这一点在战争时期十分必要。

美军很注重对战地情报的搜集。有一次,日本飞机夜袭成都,被美空军巨大的、装载了雷达和雷达员的夜间战斗机"黑寡妇"击落后,美军连夜驾车找到了日机陨落残骸,成功缴获了日机飞行地图。据说由于日机飞行地图的反复使用,上面被标了很多符号,美军轻易地掌握了日机的航线和机场位置。根据飞行地图提供的情报,美军第二天就出动了战机,轰炸了日本在我国广西的一处空军基地。日本人显然在情报的保密性上明显落后于美国,并为此付出了沉重代价。刘东生他们知道美军对情报的敏感度非常高,也都尽量刻意回避,除自己本职后勤工作上必要的往来外,减少和他们打交道,以免引起不必要的误会和麻烦。

1944年6月15日,首次执行"马特霍恩行动"轰炸日本本土任务的92架B-52轰炸机从加尔各答出发,越过喜马拉雅山脉,抵达成都附近的广汉、新津、邛崃和彭山机场。其中73架

B-52 于当晚在此加油挂弹后,立即从成都各机场起飞,对日本本土发动空中打击。首先轰炸了本洲造船厂、八幡钢铁厂,紧接着又轰炸了东京、名古屋、大阪、神户等城市。1944 年 6 月 16 日,当美国轰炸机群突然飞临八幡市上空时,日本毫无防备,直到美机第三批轰炸机飞抵轰炸时,日机才仓促应战。飞机轰炸日本本土引起了巨大的震动。消息在中国各地迅速传开,以往经常发布日军空袭警报的播放塔,如今发射出空袭日本战果的电波。各家报社发行号外,大街小巷、茶馆饭店里的人们大声议论着空袭日本的话题,曾饱受空袭之苦的中国民众因此而欢欣鼓舞。

到了 1945 年初夏之后,刘东生和吴金鼎因工作需要,被调到了成都南边新建的彭家场重型轰炸机航空机场所在的军用机场招待所(现在为 35 厂修理苏 27 发动机)。那时德国即将投降,欧洲战场胜局已定,大量美军飞机调过来,准备对日寇的最后大反攻。之后,刘东生又被调往西安的盟国空军招待所,吴金鼎先生则被派往四川新津美国空军第二招待所任主任,两人依依惜别。刘东生把吴金鼎看作是他志同道合的兄长,这位老兄的工作态度和做人准则对刘东生影响很大,教会了他要怎样"勤勉工作、清白做人",使他终身受益。空招所的同事们来自祖国各地,在动荡的时期,各揣心事,怀着不同的目的,难免良莠不齐,也有投机者营私舞弊,甚至倒卖美军物资,中饱私囊。刘东生和吴金鼎一样,始终疾恶如仇,恪尽职守,问心无愧,取信于民。

1945 年 8 月 6 日,美国向日本的广岛投下了代号为 BOY 的原子弹,1945 年 8 月 9 日上午,继袭击广岛之后,美军又用

B-29轰炸机将1枚代号为"胖子"的原子弹投到长崎市中心,两地瞬间夷为一片焦土瓦砾。这时,刘东生看到,驻扎在西安西门外机场的美国空军和中国空军仍不放松反攻的态势,飞机仍在频繁起落。"八一五"那天,刘东生在西安西郊听到震耳的鞭炮声。日本投降了!八年艰苦抗战终于取得了完全的胜利。为了这一天,数以百万计的中国军人血染疆场,数以千万计的平民丧生,数以千亿计的财产损失,代价极其巨大。刘东生在心里默念:我们不能忘记我们的胜利,更不能忘记我们的代价。

第十三章

告别双亲，踏上征程

抗日战争胜利后，刘东生和全国人民一样，沉浸在庆祝战争胜利的喜悦中。艰难漫长的八年抗战终于过去，中国人民盼望已久的胜利的那一天终于到来了。刘东生想，终于能够回家，和父母亲人欢聚一堂了。

抗战胜利以后，大批美军飞机从西安飞往上海，不少人回国了。西安的盟国空军招待所一时变得空空荡荡，面临解散。刘东生回想这几年的经历，如同做了一场梦。现在，这场梦结束了，一切又都回到现实中来，一切需要从头做起。赶走了日本人，现在是回归自己的地质专业，将自己刻苦钻研学到的地质知识付之于工作实际的时候了。当年他大学刚毕业之际，本来有机会和同学们一起报考经济部中央地质调查所的，只因为胃病反复发作，医治顽疾耽误了他未能报考，而他的几个同学罗明远、顾知微、陈梦熊、穆恩之等都已先后进入该所工作。同学们学有所用让他羡慕,也让在空招工作的他有些内心焦急。他和同学们一直有书信往来,同学们也一直没有忘记他,经常写信安慰他。在联大时,刘东生的成绩优异,是系里公认的尖子生,加上他朴实谦虚,同学关系融洽,大家都很关心他,盼望他早日加入地质所共同工作。

这一次,刘东生在写给同班同学顾知微和罗明远的信中,十分恳切地倾诉了自己渴望早日回归地质队伍的愿望,询问了一些具体的考核入所的相关要求。

询问很快有了答复,两位同学分别在回信中表达了不同的看法和建议。顾知微回信说,抗战刚刚胜利,百业待举,不妨在西安为抗战多做一些善后工作。罗明远在回信中很热情地向他发出呼唤:"老同学你快点来吧!地质系刘东生的名字在这里几乎是无人不知啊,特别是咱们西南联大的一大帮同学们,都在盼望你早日来这里,大家一起工作重拾旧日情谊呢。"但他也说,"现在,由于李所长不在所里,你暂时还不能来应试。"当时,李春昱所长忙于抗战结束后在南京、北平、沈阳等地接收日伪地质机构,刘东生只好耐心先等待他返所后才好再做安排。

这个秋天,西安的盟国空军招待所已迫近解散,不能继续待了。刘东生西南联大的同学司徒愈旺的哥哥司徒桐旺此时任西安青年会干事,刘东生就依靠同学哥哥的照顾暂住在西安青年会,一边看地质专业书复习准备入所考试,一边焦急地等待重庆北碚经济部中央地质调查所的消息。

1946年1月,同学来信告知,李春昱所长已回到所里,李所长也接到了他的入所请求,并批准他可以前去应考了。考虑到年关临近,来回路途奔波,于是让他先回家看看,待春节过后再来重庆应考不迟。

由于战乱,刘东生已经多年未回家了,只是靠书信和父母家人保持着联系。当时,刘东生的父母为避战乱,已经移居在陕西凤县黄牛铺居住,那里地处南北过渡带的秦岭深山,在秦岭主梁以南,属嘉陵江的源头地带。那里还是关中通往蜀地、大西南之咽喉,也是他本次西安抵重庆北碚之旅的必经之地。他立即心情激动地给父亲写了告知信,于1月底打点好行装,告别司徒桐旺,踏上归程。那时宝成铁路还未开通,需要先乘火车到宝鸡,再换乘长途汽车,经大散关而进入秦岭。

在大散关,刘东生伫立远眺,只见周围群山叠嶂,林木翁郁,两侧的山峰像密不透风的天然屏障。大散岭下,清姜河水湍急奔流,向南流去(汇入嘉陵江)。想到多年前和父母离别南下求学,正置抗战烽火频传,而今终于驱逐了外寇,收复了旧山河,不由心生感慨,想起爱国诗人陆游追述宋将收复瓜洲渡和大散关所写的诗句:"早岁哪知世事艰,中原北望气如山。楼船夜雪瓜洲渡,铁马秋风大散关。"

1946年2月1日,也就是乙酉年的除夕,刘东生才风尘仆仆地到达黄牛铺镇,见到了分别八年之久无限思念的双亲家人。这一年,刘东生已29岁了。这一次的别后重逢,可谓经历了战火纷飞年代生离死别的考验,已双鬓斑白的父母见到儿子,全家人都流下了喜悦的泪水。这个除夕夜的团聚家宴因来之不易显得格外珍贵。饭桌上,母亲做了许多刘东生爱吃的菜肴,一边给他夹菜一边心疼地念叨说:"你是在外边没有热乎的饭菜吃才得的胃病啊。"他询问了父母的身体和弟妹们的情况,家人则急于了解他这些年一人在外的工作和生活。刘东生吃完饭就开始向父母细致地禀报,他怎样取得了西南联大的毕业文凭,以及在抗战服务团空军招待所工作的情况。对于他的病情和医治的情况因怕父母担心,只是轻描淡写地说了几句。正是千言万语都不足以表达彼此长期以来的牵挂和思念。

后来,刘东生也说了自己将来的打算,就是报考经济部中央地质调查所,父亲对他取得的毕业成绩和工作中的表现都十分满意,夸奖他已具有了独立自主的意识,这一次也十分支持他的决定,让他放宽心去重庆努力工作。刘东生表达了对父母多年来无私地支持自己攻读学业的感激,愧疚地表达了不能报答父母养育之恩,还要远离家乡、不能服侍在父母身边尽孝道的遗憾。刘东生父母都是思想开明的人,特别是他的父亲,一直对这个学习成绩优秀的儿子引以为荣,对他的未来更是寄予了期待和厚望,一再叮嘱他到了新单位要脚踏实地,发奋图强。

过完了春节不久,刘东生就带着家人的祝福和母亲精心为他准备的行装,告别了父母亲人,继续踏上征程。只是这一次的告别较以往大大不同了,过去那个迷惘的少年,而今已经成长为一名沉稳干练的青年,即将而立之年的刘东生对周围的世界有了深刻的认识,像一只即将展翅蓝天的雄鹰,对前途充满着一种渴望。

他此番的路程本来也不算短,只因为内心对未来充满向往而显得旅途更加漫长,需要乘长途汽车先到陕西汉中,再到四川广元、绵阳,再经潼南县抵达重庆市。到重庆时,天色已晚,他就近找了一个澡堂子凑合着过一夜。天亮以后他匆忙起身,赶到嘉陵江边的朝天门码头,走上高高的码头台阶,看到江水浩荡，流入天际，江面上樯帆林立，舟楫正整装待发。他顺利地买了船票后，乘轮船到达了目的地北碚，登岸之后，就按照同学信中所说的路线直接找到了经济部中央地质调查所。

第十四章
加入中央地质调查所

心情急切的刘东生,一到了中央地质调查所,就见到了日夜思念的西南联大老同学,久别后重逢,陈梦熊等同学对刘东生的到来表示了热烈的欢迎。大家开怀畅谈,心情格外兴奋。顾不上休息,刘东生就准备面试入所。

新人逢进必考,合格方能被正式录用,这是中央地质调查所的老规矩了。当年,刘东生也不无例外地接受了面试考核。他的两位主考官是尹赞勋和黄汲清,都可谓是国内地质界鼎鼎有名的人物。

尹赞勋,毕业于北京大学,曾留学法国,在里昂大学地质系学习八年,获理学博士学位。1931年,回国后,任中法大学和北京大学讲师;1940年,在贵州遵义等地开展地质工作,绘制完成中国第一幅古地质图;1942年,任经济部地质调查所副所长、代

所长。

黄汲清的大名,刘东生也是早有耳闻。他1928年毕业于北京大学地质系,1935年获瑞士浓霞台大学理学博士学位。回国后在中央所工作,先后任技正、所长、中央研究院院长等职。首次系统划分中国主要构造单元和大地构造旋回,主编第一张《1∶300万中国地质图》和14幅《1∶100万国际分幅地质图》。享有大地构造学家、地层古生物学家、石油地质学家的美誉。

首先对刘东生进行面试的是出野外刚刚回所的古生物地层研究室主任尹赞勋,他是个随和的人,只是简单问了刘东生一些常规性的问题,比如在西南联大学的功课是哪些、毕业论文的选题是什么、都曾经开展了哪些野外地质考察活动等,刘东生一一据实作了回答。他也把中央地质调查所的简要情况向刘东生谈了,然后他对刘东生说了一些鼓励的话作为这次面试的结束语。刘东生感觉尹赞勋和蔼可亲。从他和同学们口中,刘东生也陆续了解了北碚和中央地质调查所的一些情况。

位于重庆市区西北部的北碚,地处江北、巴县、璧山、合川4县(民国时期行政区划)交界之处,可谓水陆通达,占有地理优势。1937年7月,抗战暴发之后,北碚被划为迁建区,战区机关相继西迁,有研究机关、工厂、学校和其他机关,尤以学校和学术机关为多。仅在中国西部科学院旧址惠宇及其附近地区,就有经济部中央地质调查所等多家单位。地调所有正副所长各一人,分地质调查室、矿物岩石研究室、古生物研究室、地质采矿研究室、测绘室、土壤研究室、化验室、陈列馆、图书馆。

几天后,黄汲清在他的办公室里再次对刘东生进行面试。这一次面试,黄汲清主要考问的是刘东生对野外探察知识的掌握情况。他们进行了如下的对话：

"你在哪个地区做毕业论文？"

"在云南武定与禄劝两县范围内。"

"云南最高海拔是多少？"

"是云南德钦西边的梅里雪山，海拔 6740 米。"

"云南省会昆明大部地区海拔大概是多少？"

"1800 多米至 1900 米之间。"

"你工作的地区最高的山有多高？"

"是狮子山，海拔约 4200 米。"

"狮子山顶的情况如何？"

"和云南的很多高山一样，狮子山顶上也很平，代表了较早地文期的一个夷平面。山顶上有很多古迹，还有明朝建文帝朱允炆的庙在那里。"

"那里主要是什么时代的地层？"

"那里主要是志留纪和泥盆纪的地层，也有二叠纪的峨眉山玄武岩。"

"那里河流侵蚀作用如何？"

"河流侵蚀作用很强烈，而且还有明显的河流袭夺现象。十五六年前谭锡畴、李春昱二位先生去过那里，早就指出来过。我还特别注意到被袭夺的河谷下游因为无水废弃后，河谷变得很狭小，而被袭夺河谷上游与袭夺的河与河床之间有高的落差，就形成了瀑布。"

"不错，你观察得还算仔细。"黄汲清对刘东生的对答如流很是满意。黄汲清是搞地质出身的，1936 年回国被任命为中央地质调查所地质主任时，率队进入赣、湘、黔、粤等地做大面积的考察，发现了具有重要经济价值的湖南资兴煤田，取得重大地质成果。1937年组织西北石油考察队，发现玉门油田。他知道，在刘东生简单自如的回答里，均是平日的野外辛勤考察和学习钻研的努力，他面前这位看起来朴实无华的青年人地质基本功课学得很是扎实牢靠，这让他感到高兴。自此，专业面试就算告一段落。

接下来，黄汲清又问了刘东生毕业后的一些工作和生活情况，刘东生的紧张感消失，神情明显地缓和了下来。黄汲清对刘东生在抗战服务团的服务工作表示了欣赏，谈到了刘东生曾服务的彭山空军招待所离他的家

刘东生考入南京的经济部中央地质调查所

乡四川仁寿县非常之近，还聊了些四川家乡的风土人情，他们几乎聊了一个下午。

最后，临走时，黄汲清终于握住了刘东生的手说："欢迎你加入中央地质调查所。"黄汲清还送了一本英文版《中国主要地质构造单位》油印本的书给他作为见面礼，勉励他向同志们多学习，尽快熟悉展开所里的工作。刘东生知道自己通过了考试，十分开心，从今后就是中央地质调查所的一员了，兴奋之余，更是感到肩负的使命和责任。

中央地质调查所的历史可以追溯到1912年，最早它的前

身是孙中山先生建立的中华民国临时政府实业部下设的地质科,是我国政府机关中最早设立的关于地质的行政单位。自此,国内才首次有了"地质"的部门设置。那时地质科里只有一名工作人员,到1916年才初具规模。这里是中国地质及整个地球若干分支领域的摇篮和发源地。此时,刘东生感到自豪的是,地质调查所因专家荟萃和发展迅速,近期取得了斐然成绩,早已名扬国际。美国科学家皮卡曾盛赞说:"地质调查所在国际学术界有其应有的地位。它的学者是知名的,它的杂志被人们广泛阅读,它的研究对发展地球的博物史知识做出了贡献。"西方人士把地质调查所称为"民国时期最出色的科学研究机构"。如此可见,中央地质调查所那可是每一位地学工作者心中的宝地,在这里工作可以更好地学习和施展自己的才华。刘东生暗暗下定决心,今后要加倍努力,无愧于这个杰出的团队,为祖国地质事业多做贡献。

　　抗战胜利后北碚中央地质所的工作条件仍然还是艰苦的,正式报到后,刘东生住在单身宿舍里。办公桌数量也不够用,按照所里的不成文规定,除了资深的老地质学家有固定的办公室外,一般青年地质工作者轮流使用办公室。由于出野外总会有部分人不在所里,因此,在出差期间,需要把自己的办公桌腾出来,给别人使用。出差回来以后再另找下一位出差者的办公桌用。刘东生被安排的办公桌抽屉里有一张纸上面写有"彭琪瑞"的名字,说明桌子的上一位使用者是彭琪瑞。彭琪瑞早年就读于清华大学地学系,1938年毕业于西南联大并进入经济部地质调查所,最近他去广西进行调查放射性元素矿床。

　　刘东生初来乍到,一切都觉得新鲜,而领导并没有急于分配他固定的工作,只是去图书馆借调专业书籍阅读看看,有时也在所里各处走一走,以便了解熟悉一下情况,他有时也到南开同学陈梦熊所在的办公室转悠。当时陈梦熊正在该所地质主任黄汲清领导下实施一个大的项目,就是在编绘一百万分之一国际分幅的中国地质图。陈梦熊除了具体负责"天水幅"外,还与朱夏共同负责"福州幅"。当时只有黄汲清和这个编图组的人员全部留在所内,为赶任务正争分夺秒地编绘地质图。当时,刘东生早就景仰的地质学家,如杨钟健、程裕淇等正在出国考察,暂时未能见到。所里另外还有秦鼐、姚瑞开、楚旭春、王超翔、曾鼎乾、宫景光、谌义睿等人在,这些同事中有的刘东生已经认识,或彼此神交已久,在这个大家庭里'大家'工作生活相处都十分愉快。

1946年春,由李善邦、熊毅、韩文蔚主持还都事宜,在渝人员开始分批返回南京。副所长周赞衡已先行回到南京珠江路原所址,筹备那里的恢复建设。另外,高振西等前去北平,接收原实业部地质调查所北平分所,该分所在日寇占领时期被改为伪"华北地质研究所",现接收后仍恢复成经济部中央地质调查所北平分所。毕庆昌、徐铁良、何春荪等人被派往台湾,接收日伪的台湾地质调查所。

在迁回前夕,所里的同志们尽量地不受影响,大家仍然兢兢业业地工作着,黄汲清领导的编绘百万分之一中国地质图的课题组在这样的情形下仍在一丝不苟地完成着进度。刘东生从同学陈梦熊处了解到了这一重要课题的概貌,对地质学大师黄汲清更加的敬佩。黄汲清最早是在中国开展全国性小比例尺地质图的系统编制工作的。他首次主编了14幅《1∶100万国际分幅的中国地质图》和整幅《1∶300万中国地质图》。这第一幅全国性地质图,是我国从开始做地质调查起到1947年为止,全部地质工作成果的集中反映,而全国性地质图则是一个国家地质工作程度的重要标志。就此,国内外地质学家还能从这张图上了解到不同时期、不同地质体在中国的展布特征,它也成为研究中国地质和亚洲地质的必读图件。刘东生更深地认识到,一张地质图是地质工作成果的结晶和集中表现,还是所有地质工作的最后总结,它不仅是探矿和开矿的基础,也是衡量一个国家地质科学研究水平的标志。不同比例尺地质图的精度要求不同,图所覆盖的面积大小不同,其工作量可以相差很远。像全国范围的1∶100万幅地质图的编制,由于工作量十分地浩大,需要周密组织规划和有效地实施。

刚到中央地质调查所那一个来月时间里,刘东生最常去的是陈梦熊在二楼的编图工作室,在那里他接触和了解了为人师表的黄汲清老师,使他今后的工作方法和工作作风受到良好的培养和熏陶。那是一个大工作间,每人一个绘图台、一幅进口的橡皮图纸和按经纬度投影画好的空白底图,每天要一点一滴地从各种手稿或报告中将所需的地质资料按一定比例缩小后绘制。黄汲清老师每天都要来几次检查进度,再解决一些拼图和绘制的问题以及其他需要解决的困难,为了一个问题的查实,有时还要反复查核资料,对一条线、一个符号都务必求精求实。

在他的指导下,陈梦熊他们充分利用本所收藏的丰富图件,以及在当时弥足珍贵的一些已出版和待出版的地质调查报告和手稿,就连大学生论文中的地质图也不轻易放过,有时甚至还注重当面的资料收集。比如,他们打听到某位先生从他们所需的材料的那个地方来,便会特意请他当面详谈,认真请教。所以,当时黄汲清领导完成的地质图应该说已经把全国地质工作人员(包括部分外国地质工作者)的辛勤劳动成果都收录进去了。这种不畏辛劳,集腋成裘、聚沙成塔的工作方法和模式被刘东生学习并用在了以后的工作实践中。

刘东生在和陈梦熊等好友接触中,也能体会到他们紧张工作之余的另一面。在八年艰苦的抗战后终于奏响凯旋之歌,地质工作者也是"漫卷诗书喜欲狂",陶醉在"青春做伴好还乡"的憧憬中,所谓"即从巴峡穿巫峡,便下襄阳向洛阳",大家都期待能早日踏上胜利的归途。

刘东生后来还在评价他在西南联大和中央地质调查所初期的工作时说:"我在中央地质调查所可以说是做科研工作的一个必不可少的准备阶段,得到了需要的基本训练,使我能够对自己研究的未来做出最好的选择、最好的准备,因此这个阶段对我很重要。而要到真正的研究工作中,则必须站在国际同行中,要和国家的需求相结合。我在西南联大是学习阶段,在地质调查所是科研的准备阶段。正是这两个重要阶段,奠定了本人后来从事地质科研的基础。"

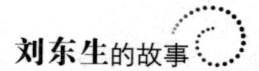

第十五章

难忘北碚

刘东生在北碚参加了所里最后一次的较大规模的找矿活动。就在1946年3月11日,所里开会宣布成立一支煤田地质科研分队,由黄汲清亲自领队,队员由青年地质人员刘东生、王朝钧、李耀曾、周慕林、夏西蒙、靳毓贵、关佐蜀等组成,任务是为矿山寻找新矿产资源,为煤矿建设生产提供正确数据,切实提高煤炭资源采掘量。同时采取了以老带新的形式,让刘东生等新人能在工作实践中得到良好锻炼。就这样,刘东生随黄汲清等7位地质工作人员去了当时的民族资本家卢作孚等开办的天府煤矿。按照工作程序,他们先是查看了地面地质情况之后,又深入到矿井底部观察地下工程。根据所掌握的情况,他们与矿上的地质人员一起讨论有关鉴定岩芯、测绘详细地质图及地质剖面等工作。

在这次行动中，青年地质工作者们都十分有信心找出新的煤矿资源，满足矿上扩大煤炭生产的需求。他们历时五天做足准备工作，颇多斩获。紧接着，他们需要进行更为细致深入的工作，从踏勘路线、划分对比地层、寻找化石、寻找标志层和测制地层剖面工作，到做详细的大比例尺的矿区地质详测详查等。工作十分辛苦，有时候他们一天要徒步行走好几十里地。黄汲清总是一马当先，带头和他们一起跑野外，详细讲解指导，晚饭之后经常还召集大伙进行讨论，集思广益，及时发现问题，及时解决问题。他们一起去检查了矿上小口径钻孔的岩芯（直径两三厘米），再和地面地质相对照。第一次参加正规操练地质工作的刘东生更是从黄汲清和同事们那里学到许多地质工作的方法和经验，可谓心情愉快，劲头十足。

当时的矿方也对这些来自全国最大地质科学机构——经济部中央地质调查所的专家十分重视，知晓他们的手上握着打开地下宝藏的钥匙，他们的工作成果将使矿山更加兴旺发达。因此，矿方专门派了一位科长负责接待，安排了条件较好的招待所，给他们吃名贵的海参、鱿鱼等海鲜。黄汲清不但丝毫不领情，还找到那位接待的科长就接待伙食提出意见，他严肃地说："你们虽然多花了钱，费了力气，却收效不好。我们工作性质需要一天到晚迈开双脚，跋山涉水的，需要补充身体消耗的能量，光吃这些寒凉的海鲜怎么能行？干我们这行的就得吃热量大的肉类，不吃肉怎么有劲去爬山呢？"那位科长马上按照黄汲清的意见，安排把海鲜改成了猪肉、牛肉什么的。此后他们就经常能吃到红烧肉，以及黄汲清最爱吃的红烧猪蹄膀，大家对这样的伙食感到满意。每天工作量虽然大，但大家都干劲十足。

黄汲清除了带领大家进行日常的找矿工作指导之外,在业余和休息时间也是分秒必争,加以利用。当时他还兼任学术期刊《中国地质学会志》(英文版)的主编,从审稿、编排、修改到校对,全部靠他自己一个人。出版有时间限制,他就常把当期校样带到天府煤矿野外驻地,利用跑完野外的晚上临睡前看校样;有时候,遇到下雨天,他们不能出野外的时候,除了开会布置工作外就是校对。刘东生就在黄汲清忙碌校对时,不声不响地主动从旁协助,他凭着认真和青年人的好眼力,会发现一些英文错误,或者排版问题。此举不仅能协助黄汲清校对,也让他得到了学习和锻炼,他做事认真负责的态度得到了黄汲清的认可。

这次下矿区,刘东生还从黄汲清身上学到了许多宝贵的东西。黄汲清每次出野外总是带着专业书,去天府煤矿带的是新近出版的荷兰地质学家的一本著作。他的书就放在地质包里,一有空闲就拿出来研读。或者对于他来说,读书既是学习,也是一种放松,还是一种积极的休息,可以让一个人的大脑工作区域轮换着兴奋和运转。刘东生为黄汲清对科学事业执着追求的精神深深地感动和震撼,黄汲清身为知名地质专家尚且勤勉自律,自己这个初出茅庐的小字辈就更没有偷懒懈怠的理由了。刘东生荣幸地在黄汲清指导下工作了一个多月时间,短短的时间里,这位让他难忘的良师益友一般的前辈通过一言一行给他留下了深刻记忆。半个世纪之后,刘东生曾在写下的纪念黄汲清的文章中这样的表述:"……他自觉地为了培养年轻人做好工作,无论是在室内或是野外,他都尽全力把自己最好的本领教给和他一起工作的年轻人。""在前地质调查所那个时代,培养人的制度还不健全,也没有实行学位制。黄先生当时把初出校门的大学生集中加以直接的培训,也是一个没有学位的培养研究生的好形式。"

他们在天府煤矿工作了一个多月,到了四月下旬,"江南草长,杂花生树"的时节,他们回到了北碚,进行内业整理。就是根据野外收集的丰富的第一手资料,编写调查报告,绘制各种图件(剖面图、地质图等)。刘东生还主动要求承担了较大的工作任务量,他在透明纸上画了很多草图,然后晒成蓝图。由于刚刚参加到地质工作岗位,他的手还有点抖,画的图有的直线不够直,技术还不够娴熟,但他认真细致,一丝不苟。他们此次的工作成果,为"四川北碚天府公司嘉陵江边煤田钻探计划"(1946年)提供了依据。

刘东生在北碚又停留了将近两个月,一方面是为了天府煤矿地质调查的室内研究和资料整理作收尾处理工作;另一方面他还跟全所同仁一起,做着回南京前的紧张准备工作。

眼看着离开的日子一天天临近,刘东生对北碚这个美丽的江边集镇十分地留恋不舍,他喜欢这里静谧的自然风光,以及深厚的人文积淀。他会利用闲暇时间和同事们一起去打打球,到附近的音乐学院去欣赏音乐会等愉悦自己的身心。北碚是刘东生开启地质科学事业的首航之地,在这里他虽然只度过了短短的四个多月时间,正所谓"良好的开端,是成功的一半",学以致用的他在这如诗如画的风景里感到从未有过的安宁和舒畅,更从导师、同仁的学习与相处中得到思想启迪,他决心要以他们为榜样,终生执着地追求地质科学事业。

时间到了6月底,刘东生终于踏上了回南京的旅程。

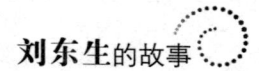

第十六章

研究黄土之前从事的工作

　　1946年7月7日,刘东生顺利到达南京。当时天空下着小雨,使人暂时忘却了夏天的炎热。而这次的回迁南京之旅也让他心生无限感慨,不禁回想起九年前,也是这样炎热的天气里,他中学毕业,因为"七七事变",被困天津开往北平的火车里,亲眼见到了日军进攻卢沟桥的嚣张气焰。而今,就在南京新街口,正有不少放下武器的日军俘虏列队朝下关码头方向走,他们垂头丧气准备上船回日本。刘东生深深体会到,八年艰苦抗战打败了日本鬼子,中华民族终于迎来胜利,迎来扬眉吐气的这一天。

　　1946年10月,刘东生接到重要任务,就是跟随侯德封主任去湖北宜昌,勘察长江三峡大坝坝址的地质情况,同行的还有陈梦熊等同事。他们在三峡进行野外地质调查,主要的工作区就是早先拟定建坝的地点,在南津关一带长江左、右岸(北、南岸),充满着危险和艰辛。

南津关是三峡的天然门户,江面最狭窄处只有250米左右。长江崖陡风大浪高,急流咆哮,工作环境十分险恶,他们的工作从10月开始到12月底结束,江面上已由秋入冬,天上开始飘起了雪花。当工作告一段落返回南京时,刘东生翻开工作日志,光是雨雪恶劣气候的记载就多达16天。他们虽然身体非常疲累,但因为圆满完成了此次的任务,内心很是兴奋的。除了完成预定的工作量,他们还尽可能多地搜集了一些未来三峡工程中可能会有用的数据与资料,以为以后的建坝工作提供更多参考。

他们把绘制出的南津关穿过长江左、右岸的大地质剖面,左岸拟议中的施工地点、大比例尺地质图及若干附图呈现在领导和专家面前时,受到一致的赞赏。

1947年春,美国著名水利专家萨维奇博士来南京,由于刘东生工作细致,对三峡勘察结果了如指掌,被领导授命向外国专家一行人汇报和交流三峡地质勘测情况。会上,萨维奇博士和外国地质专家们在听取汇报之后,又饶有兴致地向刘东生提出了许多问题。三峡地质情况复杂,有些专业问题针对性强,甚至异常尖刻,但刘东生早有准备,从容作答,外国专家最后都满意地直点头。这次经历,对刚进地质所不久的新人刘东生来说,是一种荣誉和激励,让刘东生在得到锻炼的同时也迅速成长起来。

从三峡回来后,刘东生还从事了辛勤整理老标本、潜心钻研古脊椎动物化石的阶段性工作,并于1947年年底,参加了中国古生物学会大会,在大会上作了《关于中国古脊椎动物学发展历程及现状》的报告。这是一次古生物学界的盛会,与会人员皆是取得过巨大成就的知名学者,刘东生初涉古生物领域不久,便取得卓越成绩继而有幸参会并作专题报告发言,可谓是他科研人生中一个光辉的起点。

1948年,刘东生接到地质专家学者裴文中的邀请,前往甘肃、青海一带进行考古工作。就在这一次考察中,刘东生发现了恐龙腿骨化石,杨钟健与刘东生研究后,命名为"马门溪龙"。这是中国古脊椎动物地理分布中奇特而值得研究的课题。因为马门溪龙化石原发现于四川,相隔地域遥远却发现同类恐龙,实属难得。

只不过短短几个月时间,刘东生从大西北返回南京地质调查所后,时局已改变,社会动荡,通货膨胀,民不聊生。辽沈、淮海、平津三大战役相继爆发,国民党政府一边垂死挣扎,一边在最后的疯狂中实施掠夺。1949年初,国民党政府知道自己大势已去,末日将至,遂下令各有关部门向广州与台湾进行撤退。中央地质调查所也接到了命令。决定全所命运和前途的重大问题摆到了全所每一个人的面前。那时候也没有别的消息来源,李春昱所长冒着风险每天后半夜里爬到家中天花板上面的阁楼里,秘密收听西柏坡、北平等地的无线电广播,分析当前形势,了解共产党的政策。在紧要关头,面对地质调查所是走还是留,地质调查所里的绝大多数知识分子、科学家都从良知和大义出发做出了正确抉择,大家异口同声地表示:"留下来!"

1949年2月,孙科的行政院迁往广州,反对代总统李宗仁与中共和平谈判。经济部一位要员给地质所下了命令,责令李春昱立即率调查所全体人员及重要的工作资料暂迁粤汉铁路线上的一个城镇。所里绝大多数人都不愿被反动当局驱使,不愿让多年以来地质工作者的心血白白流失,所长李春昱急中生智,在与大家协商后,大家便把保存的不太好的、没有多大用处的石头标本、旧报纸及破旧的地质锤等物品装了10个大木箱,交给经济部运往广州,托两广地质调查所代收。

从小就受到爱国主义教育的刘东生,当然义无反顾地加入到抗迁护所的战斗阵营中来。大家都把所里的化石及资料看作生命一般宝贵,因为它们一旦流失或损毁,便不可复得了。于是,他们轮流在调查所值班,保护大家的生命及所里的财产安全。李春昱所长还带领大家用砖头把图书馆等临街的窗户堵上,以防飞来的流弹炸毁珍贵的图书与文献。大家齐心协力,充满一种神圣感和责任感。在这段紧张的日子里,为稳定大家的情绪,以防不测,李所长要求大家不要单独外出,还把大家组织起来学习。尹赞勋法文不错,经提议,他就利用这段时间给愿意学习的同事们讲解法文语法。刘东生还买来很多旧唱片,其中有大量的古典音乐,大家经常聚在一起欣赏,解除心中的烦闷。这样也无形中把所里的人聚集在一起,不至于单独外出发生危险。有时大家还围坐在一起,边听边聊天,大家团结一心,共同度过这段艰难时期。

不久,远处传来零碎的枪炮声,南京市民争相传递着解放军已经渡江的消息。1949年4月23日,刘东生他们等来了天大的喜讯——南京解放了!刘东生和同仁们冒着生命危险守护的中央地质调查所以及珍贵的库藏化石等资料和图书、设备、仪器等也回归人民政权。作为一个亲历者与参与者,刘东生内心充满激动和自豪,他和全所同事们一起迎接着即将到来的新中国地质事业腾飞的新时代。

1949年,刘东生又在南京中央大学生物学系完成生物学业。他师从古脊椎动物学家杨钟健从事鱼化石研究,与潘江合著《南京五通系鱼化石》专著。而在新中国成立之初,全国各行各业百废待兴。据统计,当时我国从事地质工作研究的人尚不足150人。我国地质科学的学科发展严重不平衡,长期以来就偏重于古生物研究,而其他学科则处于空白状态。国家经济发展迫切需要找到新能源基地,很多地质工作者响应国家号召,转向其他研究领域大力支持经济建设和发展。党中央鉴于东北原经济基础较好,又是全国工业的诞生地,决定首先集中力量恢复和发展东北的工矿业。

就这样,刘东生做出了人生的重大抉择——转型。刘东生成为地质调查所组建的东北地质研究调查总队的一员,1950年春节刚过,他们就经北京、沈阳,到达了长春。

当春暖花开的时候,由侯德封、刘东生等人组成了一支清原地质工作队,在辽宁清原金铜矿区调查地质矿产。当他们来到矿区时,山坡的背阴沟

刘东生(中)在青海野外考察

洼里满目积雪残冰,但他们为新中国努力工作的热情却异常高涨。后来,他们果然不负众望,在离老矿区不远的一个小地方——"王八脖子"(后改为万宝钵子)找到了新矿,他们详细地为施工单位绘制出地形地质图,设计了矿山工程。

清原矿区的工作告一段落之后,刘东生又转到吉林磐石的矽卡岩铜矿区工作。在那里他和同事们有了新收获,发现了白钨矿。刘东生作为一个地质工作者,只要是国家建设需要完成的任务,都会满腔热情、不折不扣地去落实。他常说,国家的需要就是他奋斗的动力和目标,只要奋斗的精神在,自身的潜能和多年来的知识储备就一定会派上用场。

1953年冬,刘东生由南京调至北京的中国科学院地质研究所工作,他在地质科学之路上的崭新一页也随之打开。也许是冥冥之中早已注定的缘分,就在此后的一次科学调查中,那与他结缘了半个多世纪的神秘的中国黄土,也向他掀开了面纱之一角。

1954年初,刚到中国科学院地质研究所不久的刘东生被借调到水利部黄河梯级开发的坝址考察队担任技术指导。按初选的坝址,他与队里的同志一起从刘家峡向上流至龙羊峡,调查地质情况。这里隶属青海省东部及甘肃省西部,横跨我国两大地貌阶地,是强烈隆升的青藏高原与相对隆升的黄土高原的过渡地带,形成了多级侵蚀堆积阶地和强烈剥蚀、侵蚀山地,因而河道很窄且坡陡崖峭,地质调查工作难度极大。几个月后,他们顺利完成了工作要求。

8月底,刘东生接到了新任务,按照所长侯德封的电报指示,来到了河南三门峡。当时我国已开始设计三门峡水库,水库被设计为梯级开发,坝坝相连,从龙羊峡、李家峡、刘家峡到青铜峡,需要建设一系列的水库。刘东生加入到了三门峡第四纪地质综合考察队的行列,在这次可以标之为"宿命"的三门峡之行中,他结缘了自己倾其一生全部才识和知识储备进行研究的珍宝——中国黄土。

第十七章
黄土之缘

就这样,刘东生来到了河南省陕县会兴镇(今三门峡市),成为三门峡第四纪地质综合考察队的一员。黄河是中华民族的"母亲河",它孕育了伟大祖国光辉灿烂的历史和文化。诗人李白在诗中这样写道:"黄河落天走东海,万里写入胸怀间。"会兴镇就位于黄河南岸,会兴渡口曾是豫西、晋南物资交流的水上通道和军事要地。

初到此地的刘东生的眼中所见是咆哮着的黄河正如一匹脱缰的野马翻着巨浪滚滚而去。而要是往上追溯,古时候,这里却还是一片绿色草原,和风吹拂,牛羊成群。然而,随着时间推移,持续的干旱、半干旱导致沙尘暴,把中亚、新疆沙漠、戈壁上的细沙尘土吹送堆积,环境恶化导致这里如今几乎寸草难生,一年一年,只有光秃秃的越积越厚的尘土。如何解决黄河泥沙、黄河中游水土保持就成了一个重大课题,改变黄河流域生存环境的日益恶化的重任刻不容缓。

由此,三门峡第四纪地质综合考察队应运而生,该队由中科院地质所所长侯德封、中科院古脊椎动物研究室主任杨钟健、北京地质学院教授袁复礼及前苏联专家帕夫利诺夫教授共同发起组织,这次地质研究所被抽调来参加考察队的同志有刘东生、王挺梅、丁梦麟,还有来自古脊椎动物研究所、北京地质学院、土壤学、地质部地质矿产司孢粉实验室的专家和学者等。其中不乏国内科研技术精英,可谓高手云集,足见国家对三门峡工程给予的高度重视。

此时,刘东生也在心中暗暗下定决心,要抓住这次良好的科学调研的机会,虚心向其他门类科学家学习讨教,勤奋努力工作。

初到会兴镇,正值夏末。雨过天晴的一个晚上,刘东生和考察队一些成员到外面散步。无意中,刘东生在一个沟里看到一排排整齐的灯光,对于一个黄土坡小镇来说,不太可能有楼房的,这让一向对事物注意观察研究的刘东生心里有些纳闷,这样整齐的建筑到底是什么呢?这天夜晚,他睡前还在嘴里面嘀咕着。

等到第二天一早起来,他就立即跑到昨晚上看到灯光的沟里去一探究竟。这时,朝阳初升,太阳下面一切真相昭然若揭。刘东生看见那昨晚上散发灯光好像是楼房的地方,原来是一孔孔整齐的窑洞,正是当地老乡的杰作,他不禁笑了起来。接下来,他又走近了一些,仔细地观察窑洞的构造,他发现,这窑洞跟城市的楼房一样,在同一坡度上有好几层。有所不同的是,这些窑洞的房顶的深色土的下层,有一片石灰质的结合层,老乡称其为"料姜石",地质专业名称为"土壤层的淀积层"。聪明的乡亲们利用坚固的淀积层做窑洞的顶,如同天然的天花板。令刘东生饶有兴趣的是,这里水平方向的淀积层延伸得很长,和黄土、深色土一层层相间隔,三层整齐的窑洞,都是料姜石的天花板,黄土的墙,深色土铺做地。古老的土层结构引起了原本研究古生物的刘东生的格外注意。

刘东生回到驻地后,带着疑问立即前去请教队里的土壤学家朱显谟。朱显谟老师告诉他,窑洞深色土这部分以前被杨钟健先生称为"红色的土",其实是属于古土壤层。

"关于古土壤,您给我讲解一下好吗?"刘东生好学的天性一下子被激发出来了。

朱显谟教授不厌其烦地向他讲解了古土壤方面的知识:

"古土壤就是过去的土壤。黄土代表了寒冷干旱的气候环境,红土则代表了暖湿气候时期的环境。"

"哦,是不是黄土与红土的交错堆叠,就是过去气候环境冷暖干湿交替循环出现的结果呢?"刘东生发问。

"说得没错,有一定悟性!"朱教授很高兴地夸奖他。

接下来,朱显谟教授便给刘东生详细地讲了中国黄土研究的状况,剖析了普通黄土中埋藏的知识和奥妙。并告诉他,至今还被人们不断争论的焦点,就是关于中国黄土的成因的分析和看法,到底是"风成"还是"水成"。这也是刘东生第一次深度接触"风成"与"水成"学说。

刘东生对于这次他和古土壤的相遇,让他在以后的许多年中都为之感到庆幸。正是这次意外的发现,让他隐隐地感觉到了自己大半生奋斗和研究的终极地——黄土。从此，认识黄土、了解黄土、研究黄土成为他工作和生活的重中之重。

这是一片刘东生从未涉足过的新领域，在"第四纪地质"综合考察队这样的优秀团队中，面对第四纪地质这项崭新的工作，尤其是新的研究对象——黄土，他在思考如何能让研究工作更加有效地展开，面对服务现实和预测未来，在黄土中追寻打开历史的钥匙，让他对平凡而深奥的黄土肩负了一份重大的责任，同时也让他的内心充满挑战和力量。

他和同志们一起夜以继日地投入到工作之中，虽然条件艰苦，每天出去勘察第四纪地层，看三门系剖面，但他比以往更加认真专注。在这里的日日夜夜里，他出门察看的是黄土，和同事们讨论的是黄土，归来睡的是黄土炕，梦见关于黄土的梦，可以说黄土渗透到了他的每一个细胞之中，他觉得自己今后再也离不开黄土了。就这样，他们在三门峡进行了三个多月的野外工作，采集了大量的黄土、孢粉样品和化石标本，测绘了若干地质、地貌图件。

有时，他们也会到黄河之滨去，观看黄河流经三门峡的磅礴气势。诗人贺敬之的诗句这样描写三门峡的黄河水："神门险，鬼门窄，人门以上百丈崖。"而三门峡水库大坝建成以后，即将"神门平，鬼门削，人门三声化尘埃！"他们的工作到底具有怎样的意义？由于时代的局限，谁也没有充分地认识，不能像今天的人们看得那么清楚，更不能看到若干年之后遗留的问题。关于黄河上游水土保持，治沙拦沙等措施，都还只是理论上的设想。而此刻，就在刘东生的脚下，黄河之水暂时一无遮拦滚滚向东，争分夺秒汇入浩瀚海洋。

第十八章
黄土之惑

　　关于黄土,据王嘉荫考证,中国的《汉书》中已有"天雨土"的记载。此次规模宏大的三门峡第四纪地质调查,开启了中国第四纪研究的先河。三门峡地区丰富的地质现象,丰富的黄土资源及明显的新构造运动的痕迹,也让三门峡成为研究第四纪地质的首选之地。在新中国成立之初,国民经济面临复苏时期,中科院提出这个学科,也是具有划时代意义的。
　　1954年秋末,刘东生等从三门峡回到北京后,侯德封所长即提出成立中国科学院地质研究所第四纪地质研究室,即刻得到上级批准。中国的地势西高东低,呈台阶状往下降,河道水系也是由西向东,绵延入海。但历史上这些变化十分复杂,在第四纪时期,有对于地球化学研究中元素之迁移和富集规律比较理想的现实模式。研究室成立不久,勤恳务实的刘东生就不负众望,成为研究室主任,担纲大量的第四纪科研任务。

刘东生这一年 37 岁,人到中年,工作上逐渐走向成熟。孔子曰:三十而立,四十而不惑。在人生即将迈向新的里程之际,他不禁心潮澎湃,回顾了自己早年的地质工作实践,他给自己作了一个简单的小结:1946 年—1949 年他认为属于自己的"沉闷时期";1950 年—1953 年是自己的"动荡时期";但在 1954 年之后,国家建设走上正轨,地质科学大发展,他个人也开启了正确的"发展时期"。此刻,他一生研究的方向似乎也就在眼前,当然还有更多的疑惑。

当时,关于第四纪研究,刘东生有着诸多问题和困惑,这也是当时的地质工作者共同面临的问题,那就是第四纪研究的起跑线在哪里?凭着以往刘东生对古脊椎动物学研究的经验深知,如果找到一类化石,可与国际上已知的做比对,能对上号的划归旧属旧种,而无据、无证可考的化石,便可以确定为新属新种。因此,可以说,当时我们与国际古生物同行是站在了同一起跑线上的。可是,由于第四纪研究的特殊性,刘东生目前遇到的难题,是不知道自己站在什么位置、起跑线在哪里、自己与世界同行的相对位置关系到底如何。事实上,我国打从开始第四纪研究就采用了多学科综合、多兵种联合作战的模式,与国际同行相比丝毫不逊色,甚至还是占有相当优势的,只是当时他们所处的位置还看不到这一点。第四纪地质学研究在当时国际上是无固定章法可循、无任何经验可借鉴,刘东生他们只好"摸着石头过河",摸索着向前走。正是大量的实践和不断的思考,他们从三门峡考察到黄土高原研究,才逐渐形成中国自己的一套第四纪研究传统。

大凡做课题研究总是这样,越是深入,疑惑越多,这让刘东生常常陷入一种迷宫式的追逐而难以自拔。之前,他们曾从三门峡横渡黄河,来到位于北岸的山西平陆,后又抵达了中条山南麓,所见到的都是大块大块的被水流切穿的黄土高坡,看到发源于大山深处的很多支流,挟裹着大量泥沙最终汇入了黄河。他想,黄土的起源到底是什么?是像外国专家帕夫利诺夫等人主张的只是由洪水冲积而成的呢,还是传统观念所认为的由于经年累月大风吹刮积聚而成的呢?而黄土的"风成"与"水成"之辩还带来了新问题,那就是在几百万年前,黄土与红色土之间到底有着怎样的联系和区别?现今的新黄土与老黄土之间又存在着怎样的区别和关系?今后的路要引领大家向何处走?带着这一系列的问题,刘东生感到肩负使命的沉重,更坚定了他继续探寻科学真谛的决心。

这次三门峡的科学考察,对于刘东生的一生是具有重要意义的,不仅是因为他找到了黄土研究这个宝,确定了毕生的科研方向,更是因为他此行结缘了他生命中的另一半,即夫人胡长康。

几年前,他出差到北京地质所时曾邂逅大学毕业刚分配来该所的女孩胡长康,虽然他对这个眉宇间透着浓浓的书卷气、有着乌溜溜的黑眼睛的文静女孩怀有好感,只是由于生性腼腆,加上各自忙于不同的工作,也没有时间进一步接触。1954年,刘东生到三门峡参加第四纪地质考察。好像是上苍有意的安排,当刘东生看到考察队中这个来自于古脊椎动物与人类研究所的小胡姑娘娇小美丽的身影时,内心一阵激动和喜悦。他给自己打气,可不要再错过眼前这个良好的机会了。可是,由于他们所研究领域的不同,很少有机会见面。一直到了那一年的冬天,两个互有好感的人才有机会敞开心扉。但他们生性不喜欢张扬,刘东生和胡长康仍然把

刘东生、胡长康夫妇

主要精力用在工作上,他们的恋情一直也很低调。倒是有些好心人眼看俩人都老大不小了,特别是刘东生,别人像他一样年纪的人,孩子都会打酱油了,未免替他们着急。有热心人还张罗着给他们介绍对象。胡长康在北京的亲戚也在为这事操心着,为了请他们放心,胡长康只好把刘东生带来给他们相看。通过交谈,他们了解到刘东生踏实好学,为人性格温和,有着扎实的专业知识,强烈的事业心及上进心,都觉得十分满意。

　　没有更多的花前月下,已回到北京的刘东生与胡长康就在这年年底的圣诞节平安夜,在科学院礼堂举行了简单而隆重的婚礼。当时,包括杨钟健在内的单位里的所有人都来参加了他们的婚礼并祝福这对新人白头到老,共创新业。他们的婚房,就设在科学院位于北新桥的宿舍里,一间20平方米的老房子,家具也很简单,两张单人床并在一起就成了婚床。家里最多的东西就是两人的专业书籍,用"志同道合"来形容他们一点都没错,因为互相的爱和理解走到了一起。从此,他们相濡以沫,相互扶持,开始了此后50余年的婚姻生活。

"一位杰出的男人背后,总会有一位伟大的女性。"刘东生与胡长康由于地质工作的性质,一年中各自有大半的时间在野外。他们靠着共同的信念,在困难时期不离不弃,无论他们走到哪里,只要想到家中的另一半,心中就充满温暖和力量。两人长年为工作奔波在外,废寝忘食,夫妻二人聚少离多,当一双儿女刘丽、刘强相继出生后,又是刘东生的父母及时伸出了援助之手,女儿刘丽一直由刘东生的父母照看,直到 10 岁;而儿子刘强则由胡长康带在身边,当她外出考察时也交给爷爷、奶奶照顾。

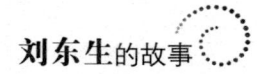

第十九章

第四纪研究和黄土

何为第四纪？为什么中外地质科学家如此青睐第四纪？原来，第四纪是新生代最新的一个纪，包括更新世和全新世。其下限年代多采用距今 260 万年。关键是，第四纪期间生物界已进化到现代面貌，灵长目中完成了从猿到人的进化。苏格拉底有句名言：认识你自己。要找到人类发展的源头，而第四纪正是人类出世并迅速发展的时代，因其特殊性和重要性，使得第四纪研究成为全世界地质的科研高地。刘东生从三门峡工地回到了北京后，立即投入到第四纪地质研究室的工作中。刘东生走马上任第四纪地质研究室主任之初，面临一项重要任务，就是编制第四纪地质图及研究沉积物成因的类型。

地质界都知道，世界上有个"国际第四纪研究联合会"的组织，成立于 1928 年，联合会里集中了众多国际地质界的精英。

研究的范围除了人类起源、文化、人类活动对地球环境的影响之外，成立之初还决定要编制欧洲百万分之一分幅的第四纪地质图。可是，直到1954年中国成立第四纪地质研究室，他们的欧洲地质图都没有绘制成功。这也说明第四纪地质制图和基岩地质、古老岩层地质制图有一定区别。第四纪沉积物因地而异、受地球表层气候影响之大的缘故，操作中的难度之大是欧洲第四纪地质图一直未能完成的主要原因。而且当时，国际上尚没有形成一套公认的、可行的制图标准、原则及方法。

尽管困难重重，且在国际上也没有成功先例，刘东生仍想放手一搏，去尝试一下。所谓"世上无难事，只要肯登攀"，他表示，其他国家做不了的事情，我们中国人更要努力创新去做好。

当刘东生得知中国正在编制《中国自然大地图集》时，他不禁灵机一动，大胆地提出想法，提出要把中国第四纪地质图(第四纪沉积物分布图)纳入到这一自然大地图集之中的建议，并得到上级领导的支持。这样就弥补了第四纪地质图编制中人力、财力和物力的不足，同时也丰富了图集的内容。

那段时间，刘东生将所有精力都投入到中国第四纪地质图(第四纪沉积物分布图)的编制中。正好那几年，前苏联和东欧国家有不少专家来华进行地质交流，刘东生也和他们进行切磋讨论。经过艰苦的工作，刘东生与他的研究群体终于做出了第一张中国第四纪沉积物分布图(1∶10000000)。后来，河北正定地质部水文地质工程地质研究所在张宗祜领导下又做出了较大比例尺的第四纪沉积物分布图。这些图填补了地质界在这一领域的空白，对于我们研究农业地质、城市地质、环境地质起了很大作用，此举受到了中外地质界的赞誉。刘东生也深感欣慰，有着良多的感触,机遇与挑战往往是共存的,也因为他在压力和挑战面前抓住了机遇,成功地发挥自己的能力才能战胜困难和迎接更大的挑战。

1955年初的一天,刘东生随侯德封所长一起向中国科学院副院长竺可桢、秘书长裴丽生等领导汇报黄土和第四纪的研究工作。竺可桢传达了周恩来总理的关于中国科学院加强黄河中游黄土高原水土保持研究的指示。在三门峡建水库及水电站后,必须防止泥沙淤积,最根本的办法就是要解决好黄河中上游水土保持问题。为此,中国科学院领导同意地质研究所参加中国科学院组织的黄河中游水土保持综合考察队。参加这个队的有中科院的各有关研究所,有地质研究所、土壤研究所、植物研究所、地理研究所、地球物理研究所、西北农业生物研究所、水利部黄河水利委员会以及相关大学等30多个单位的230多名科学工作者。总领队负责人是竺可桢。

综合考察队又分为若干个小组,刘东生带领的地质组由几位年轻的成员组成。除此之外,还有地貌组、气象组、植被组、农业组、林业组、水文组、牧业组、水土保持研究组和经济组。综合考察队可谓阵容强大、组织严密,自然科学不同专业、分支学科相结合,自然科学与社会科学相结合。在这种点面结合,多兵种联合作战的模式下,他们的工作收到了事半功倍的显著效果。

刘东生参加的综合考察活动历时数年,他们1955年在山西,1956年在陕北,1957年在陕北和甘肃,工作范围是沿着黄河流域自东向西,对黄河中流、黄土高原进行了大面积的调查,又在一些典型性的重要地区,进行了详细的农、林、牧、田间工程、水土保持、经济状况等方面调查。

综合考察的好处之一是便于各学科之间互相交流和学习，刘东生与地貌、土壤、植被及水土保持组的专家们在一起工作。他自然不会放过向其他学科及同仁学习的大好机会，特别是自然大组组长是土壤学家朱显谟，他们在参加第四纪地质综合考察队时，就在一起工作过，业已成为很好的朋友。朱教授对黄土研究有很多独到之处，尤其是对黄土的物理、化学性质，比如黄土的颗粒、团粒结构、渗水性质、农业工程物理性质、古土壤等都有许多过人的见解和研究。刘东生跟他学到了不少东西，从他那里得到了良好的黄土研究启迪。

在1954年刘东生研究黄土之初，他主要的参考书是上世纪30年代来到中国的梭颇写的《中国之土壤》一书，这本书是首次全面论述中国土壤的经典著作，也提到古土壤、地方病，但刘东生没有实践经验，缺乏深刻的研究，因而对黄土的了解还远远不够。自从在三门峡发现古土壤之后，在朱教授指导帮助下，促使他注意将黄土的物质成分与地层划分联系起来，研究工作向纵深开展。最初，刘东生并没有注意到以往杨钟健等科学家所划分的红色土层与黄土之间的关系。正是他这次独立开展对黄土地区的黄土地层进行详细研究、划分后，发现此划分结果与杨钟健等人在1930年所做的划分是吻合的。

这年的夏天异常炎热。刘东生和他带的土壤学研究生石元春来到晋西黄土高原从事野外考察，作为考察的重点区域，这里具有得天独厚的地质现象。晋西黄土高原东接吕梁山，西临黄河，晋西黄土高原大部分黄土裸露，地面没有植被覆盖，地表经水流切割，沟壑纵横破碎。南部各县有残塬分布，但塬面沟高谷深，水蚀严重，塬面由于不断受到沟壑溯源的侵蚀而日渐缩小。刘东生每天手提地质锤,背着装有黄土标本的沉重的地质包,一路爬高坡、下谷底,日行数十千米,进行地形地貌观察,绘制剖面和填图、拍照。他还常告诫学生们,不要轻易放过任何一个地质现象,因为它是过去地质时期留下的痕迹和证据,是科学研究的重要素材。他严谨的科学态度感染和影响着他的学生们。

刘东生等完成水土保持综合考察之后,经过慎重考虑,最终选定黄土作为他长期攻研的方向。如果说以前,只是因为上级工作安排部署促使他投入到有关黄土的科研活动之中;而今,他再次面对这块洪荒而又神圣的黄土地,心潮翻腾激荡。可以说,他已经从内心深处爱上了这一片承载人类文明、孕育人类梦想的黄土,其中还有一个发生在黄土故乡的故事深深地感动了他。

一次,刘东生一行在山西兴县吕梁山一带乡村工作了一段时间,这里曾是抗日根据地革命老区,属于水土流失非常严重的地区,百姓生活贫困,但老乡们却热情地配合考察队的工作。当考察队要移师新的工作地点,已经打好行李卷,装车准备出发时,却忽然听到外面锣鼓喧天,人声鼎沸。原来是住地的老乡们自发组织了欢送队,只见乡亲们头扎着白羊肚手巾、腰系红绸带,敲着腰鼓为他们送行。一位老乡代表上前说:"我们这个偏僻的山沟沟很穷,长年累月深受水土流失之害,农业收成年年都很少。你们考察队是毛主席派来的人,为保护我们水土不流失,为我们农民谋福利,过上好日子,你们做了那么多好事,乡亲们也没啥答谢你们的,就让大伙儿送送你们吧……"于是,考察队员们在乡亲们的簇拥下,边向村外走边与夹道的老乡们告别。走到村口时，却看到老大娘们排着长长的一排，每人都挎着一个篮子，里面放着大红枣、熟鸡蛋等土特产，她们一个个拉着考察队员的手说："毛主席派来的好后生，你们辛苦了，谢谢你们。欢迎你们以后再来村里！"边说着边拿出熟鸡蛋和红枣往大家手里和衣袋里塞，大家推辞着，都被感动得热泪盈眶。这一刻，刘东生也是眼里满含泪花，他是个硬汉子，以往的艰难困苦中都没掉过一滴泪水，可是在这些纯朴善良的乡亲们面前，他再也无法控制自己的情绪。

通过这件事，刘东生对自己的人生观、世界观、价值观进行了深深地思考。他从1949年新中国成立之初起，就有了一个不断寻找自我的过程，他从研究自己所钟爱的古生物，改行从事国家急需的矿产调查及第四纪地质研究，却一直存在着疑惑：自己的这一选择是正确的吗，改行到底对不对呢？当老乡们向他们依依话别的时候，当老乡们把带有体温的鸡蛋和红枣塞到他的手里的时候，刘东生突然之间感觉找到了自我，找到了黄土，他的心里产生了一种强烈的归属感。他感觉自己的手上仍留有乡亲们的温度，这种粘着黄土的温度里含有太多的内容，让他思索，让他深陷感激的旋涡不能自拔。黄土是乡亲们的衣食之源，祖祖辈辈血肉相连，生死相依。自己作为一位科学工作者，难道不该把这像生命一样深厚的黄土，作为自己毕生的功课，在不懈的解读中还原一种真实给人类，造福于世界造福于人民吗？

刘东生后来反复念叨的一句话就是："在寻找自我之中发现了黄土，在发现黄土的过程中找到了自我。"发现了黄土，也就确定了他科研主攻的方向，找到了科学的命题，下一步就是有许多的具体工作去实施了。中国的黄土绵亘千古,埋藏着许多未解之谜,若能破解它,通过对古代气候、环境变化的了解,就能为今天和未来这一地区提供切实可行的治理方案,造福子孙万代。眼下,首先需要解决的问题是中国黄土成因的"风成"与"水成"说。而黄土的厚度、形成的时间,以及黄土高原又是什么时候被切割成这般千沟万壑的,这些问题对如何解释黄土高原,或者说它的水土流失的形成关系都十分重要。

法国人德日进说过:"研究过去只是为了认识未来。"刘东生所要做的不仅是在黄土中寻觅历史,而且要从黄土的历史中寻找地球的未来。刘东生带着这一想法,展开了黄土研究。因为坚定的信念,给了他充实的信心,使得他不惧困难,不惧路途的艰辛,如同一个行者,他要靠自己的双脚走出一条通向过去及未来的路!

1955年秋天,刘东生在山西试验点工作。一天,他一个人来到山西临县境内的黄河之滨,却不慎迷了路。他便走进一块庄稼地,想找一个当地人问路。

远远地,他看见一位须发斑白的农民老伯伯正在田间劳作,便急忙走过去打招呼,亲切地和他握了握手,那位老伯伯从头到脚打量了他后,很好奇地发问:"您是干什么工作的?"

"我是来调查黄土的!"刘东生回答说。

"啊,您来这里调查黄土可算是找对地方了!我们这儿的黄土真是很特别呀。"老伯伯激动地说着,并俯下身,用右手抓了一把黄土。他又带着刘东生往南走了一段,弯腰用左手又抓了一把黄土,老伯伯把两只手里攥着的黄土摊开在刘东生面前说:"您瞅瞅,这里的土是不是和我刚才抓的黄土不一样?"相隔虽不远,但老伯伯手中的黄土真的完全不同。只见来自北边地里的黄土是粗散不成形的砂黄土,而另外一只手中来自南边的黄土却很细腻,攥一下便能成形。老伯伯告诉刘东生:"北边的土较粗,是砂黄土;南边的土较细,是老黄土。"刘东生听了很是兴奋,记住了他所说的砂黄土和老黄土的说法。还马上取出随身携带的地图,把砂黄土与细黄土(老黄土)的大致界线做了标注。

刘东生告别老农,采了些标本回到营地已是晚上。这一夜刘东生因为兴奋而久久睡不着。他想,这些整天和黄土打交道的老乡们,他们哪里懂得什么地质学、土壤学的知识,也不需要做任何黄土粒度的实验,他们更讲不出深奥的道理,靠的是祖辈相传的积累和经验,在整日面朝黄土背朝天的耕作中,却更加了解脚下每一块黄土的性能。他们这种从实践中得到的知识和道理,却是很多大科学家在实验室里辛勤了很多年,甚至是一生也得不到的。自己今后更要多多地向黄土地上劳作的农民学习,向社会各阶层的人民学习。真正的科学研究就是要用最简单的道理、精准的公式来归纳和诠释复杂的现象,并最终建立定律和定理。这也是自己和所有科学家毕生要做的事情。就像那位老农两手中握着的不同种的黄土,它们的构成有很大差异,农民老伯伯知道有差异却不知道其中的原因,而解释地球上"十万个为什么"的任务就落在了科学家们的身上。

第二十章

"十条大剖面调查"
与"新风成"学说

那一年的冬天,刘东生回到北京实验室后,恰好赶上北京矿业学院邀请了一位对黄土有研究的波兰科学家在礼堂做学术报告会,刘东生自然不会漏掉向外国专家学习的机会,他欣然赶到礼堂,坐在前排认真地听讲。波兰境内黄土资源丰富,邀请的专家在这次报告中介绍的一个细节对刘东生有所触动。波兰有一年天降黄土,黄土颗粒黏在一些树叶的表面,他们收集了叶片上的黄土微粒,做成载玻片,放在显微镜下进行观察,以便于对黄土的颗粒、形状、大小的研究。听完报告后,刘东生立刻找到波兰科学家进行请教。当那位科学家得知刘东生也是研究黄土的同行,十分热情地为他介绍了一些简单可行的黄土研究经验和方法,最后还送给刘东生一些单行本资料。

刘东生学习了外国专家的方法,结合中国黄土地区的特点,制定了针对黄土的颗粒结构等细微考察的方案。考虑到这是一件耗费大量时间和精力的工作,需要年轻人的充沛体力,他把这项工作交与长春地质学院毕业新分配到研究室工作的朱海之同志去实施,也是让新人有锻炼成长的机会。朱海之在刘东生的悉心指导下,工作非常细致认真,他深入中国黄土地区,按照预定方案,由北向南,每隔一定距离采集一件黄土标本,总共采集了上百件黄土标本。在实验室里分别做成玻片,逐个地进行观察、统计,然后根据统计结果,按黄土颗粒粗细不同,结合野外观察记录,最终在地图上划出三大黄土分带:北边是砂黄土带;向南则是黄土带;再向南,靠近西安、秦岭、华山一带,黄土更细、更黏,叫黏黄土带。这种横向的精细考察方法,在后来半个世纪的时间里,被更多的地质工作者所采用。科学工作者们通过反复实践证明,刘东生当年的这三个分带的结论是基本正确的。

  我国的西北部是戈壁(岩漠、石漠),往东南是沙漠,沙漠东南边是黄土,黄土本身又分为砂黄土、黄土、黏黄土三个分带,这是总的格局。最近,科学家们又发现准噶尔盆地也是这样的格局。我国西北地区,由于盛行西北风,风是从西北往东南刮的,西北边应该是物源区域,当细的尘粒被吹走了,就剩下戈壁;往东南方向,风力稍微减小一点时,相对较粗的(细砂—粗砂粒级的)物质便沉降下去,形成了沙漠;风再往更东南边吹,更细一些的物质(粉砂粒级及更细者)沉降下来,形成了黄土。由此,划分出以中亚地区的岩漠为中心,向外依次出现巨大砾石组成的戈壁、粗砂组成的沙漠、细颗粒的黄土沉积等分带,而在广大的黄土地区,按照上面相似的道理,又分成砂黄土、黄土、黏黄土这三个分带。

按照刘东生他们的计算,如果类似现在的沙尘暴天气会带来 0.01 毫米厚的尘土,每年 10 次便能积 0.1 毫米,那十年就是 1 毫米,一百年是 1 厘米,一千年是 10 厘米,一万年是 1 米。到现在,黄土高原上最厚的地方已经深达 250 米。换一种说法就是,我们现在所见的黄土高原已经存在了二百五十万年。从地质上讲,我国的干旱史也有二百五十万年了。

地质运动可以把大海变成高山,岩石因风化而破碎更是寻常可见。尤其是在"早穿棉袄午穿纱、烤着火炉吃西瓜"的戈壁沙漠地区,昼夜温差大,而岩石内部不同矿物的热胀冷缩程度不同,加上化学和生物过程的参与,日子久了,彼此之间的联系松散"剥落"风化,产生沙粒和粉尘。据竺可桢先生考证,唐诗"黄河远上白云间"应是"黄沙直上白云间"之误,描述的是塞外大风吹起的尘沙。中国的黄土堆积区域,正是盛行下沉气流、有利于粉尘降落的地方。在中国地图上,我们大致可以自西向东看到"戈壁—沙漠—黄土"这样岩石颗粒逐渐变小的顺序。

经过不懈地实践和分析,刘东生似乎明白了黄土的形成过程,以及它从哪里来、为何而来、又怎样沉积堆砌成目前这样子的科学原理。

确定了论证结果只是完成了万里长征的第一步,对于刘东生来说,要印证黄土高原的"风成"说,仍有许多谜团需要解答出来,需要系统的理论作为论证背后的强力支撑。接下来,刘东生还有许多重要的工作要做。黄土研究一经开了头后,刘东生内心那股不认输的钻研劲头就一发而不可收。科学的要旨就是要刨根问底。他迫切地想要知道:我们脚下的这块土地在漫漫的历史进程中到底经历过怎样的沧海桑田变化,冷暖交替是以什么方式发生的,人类的未来会有怎样的发展,下一个冰期还会出现吗,冰期将在何时到来,全球变暖的原因,会达到什么程度……所有这些问题的答案,都只能从隐藏了过去年代奥秘的黄土等物质中去探寻。包括在地球两极、海底和陆地上,都存在着环境变迁的长期记录,也就是目前发现的三部最完整的地球气候史书:极地冰芯、深海沉积物和中国黄土。

而这三部中唯一和人类打交道较多且留下太多人类活动痕迹的便是"黄土"这部天书了。刘东生作为这部天书的翻阅和解读者,无时无刻不在心里思量着怎样才能更深地走进它,更好地理解它,从而更好地呵护我们赖以生存的土地。他想起多年前,自己的一位老师从美国回来时,箱子里带着许多书,让他觉得不解的是,老师除了专业书,竟然还带了不少的侦探小说。这位老师这样解释:"我们研究古生物的人就要发扬侦探破案的精神,要在看似漫无边际的时间中找到隐藏在其中的线索,要沿着这些远古时期留存的蛛丝马迹穷追不舍,便才有解开案底的可能!"

刘东生这时候更加深了对老师的理解,他知道自己需要做一个像福尔摩斯那样的好侦探,对黄土进行锲而不舍的探究。只有不放过任何细枝末节,才能找到千万年来隐藏的线索而真正深入黄土的实质。

多少个不眠夜晚,他在昏黄的灯光下,身披单衣,殚精竭虑,面对着中国西高东低的地形图及那三个黄土分带潜心研究。

为了进一步深入调研,完善相关资料,1957年后,刘东生还亲自带队在黄土高原实施了10条拉网似的大路线剖面调查。

"10条大剖面调查"东西、南北各有5条,每条线路大约长1500多千米。他们分成几组,吃住都在野外,且全是步行。每条线路都有几个人边观察边采样记录,进行研究。刘东生是总调度,他坐车多走了几条线路,有时一天要走5万多米路。受当时的条件限制,他们所用的工具也就是用显微镜进行观察。

调查历时两个多月,他们每个人都晒得黑黑的,人也十分消瘦和疲惫,却收获颇丰。在掌握大量的第一手资料之后,经过科学的调查、分析和研究,刘东生最初的分析结果已和同事们的认识达成一致,那就是我国的黄土至少已有250万年的历史。通过进一步研究,他发现黄土高原的地层、地质和岩性在广大范围内具有惊人的相似性和一致性,因此,他打破陈规,大胆地提出了黄土高原"新风成"学说,将数百万年以来的"风成"沉积作用从黄土高原的顶部黄土拓展到了整个黄土序列,并把过去只强调搬运过程的"风成"作用扩展到物源—搬运—沉积—沉积后变化这一完整过程,完成了《黄河中游黄土》、《中国的黄土堆积》等多部专著。这一观点也更加肯定并发展了李希霍芬等人早先提出的"风成"学说,从而平息了黄土高原"风成"与"水成"之争,为全球气候变化研究奠定了基础。

自从刘东生把科研方向转到黄土上来之后,他身边的同事便开始常常发出这样的感慨:"他把黄土看成自己的生命。"他潜心科研60余年,查清了170多年来的黄土成因的问题,建立了250万年来最完整的陆相古气候记录。面对取得的科研成果,他却谦虚地表示,之前他的老师们已经做过大量开创性工作,他只是传承了前人的事业,是一个在科研的长河中承前启后的人。

第二十一章
国际第四纪研究联合会大会告捷

成立于1928年的国际第四纪研究联合会，当时范围仅限于欧洲，研究主题主要为古人类学、旧石器时代考古学等内容。直至1936年，第三届会议在奥地利召开才正式命名为国际第四纪研究联合会。二次大战爆发后停开，战后恢复。1958年，前苏联地质界朋友访华时，邀请中国参加1961年在波兰举行的第六届国际第四纪研究联合会(INQUA)大会。第六届会议的内容主要反映社会主义阵营第四纪研究工作的进展情况。刘东生认识的前苏联科学家狄里克就是这次会议的主持人之一。

这次国际大会是新中国首次出席的全球性国际会议，也是中国地学界于新中国成立以来参与的首次国际交流活动。经研究，中科院成立了由李四光为主任、杨钟健为副主任的筹备领导小组来负责此项工作。中国参加会议的宗旨是："有中国特色,有我国第四纪地质的区域特点;体现中国科学家的特长、强项,把显著的成绩展示给世界;要展现中国科学研究不断发展的实力和前景"。

因此,中国前去参会,如何把我国第四纪最瞩目的成果展示给世界、以何种方式在世界同行面前亮相就成为需要高度重视的问题。经过认真细致的讨论,筹备小组最

刘东生在莫斯科参加全苏第四纪大会

终定下了三个参加会议的选题:一是中国的古人类学取得的显著成就,北京周口店发现的"北京人"化石为研究人类早期的生物学演化及早期文化的发展提供了实物依据;二是中国的第四纪冰川,李四光早年在大同、庐山、黄山等地发现了冰川漂砾,识别出古代冰川流动形成的擦痕;三是中国的黄土,虽然我国第四纪海相地层相对贫乏,但陆相地层发育却极其丰富,特别是黄土高原,体现了古气候的发展变迁。关于中国黄土选题的负责人是刘东生,参会的题目内容也由刘东生负责自主拟定。

刘东生为了大会的选题颇费心思,为的是更好地把中国地学界的研究成果展示给世界并受到关注和响应,将中国黄土科研发展提高到世界发展水平。他先是想做中国的黄土分布图,就是把戈壁、沙漠、黄土的分布制成图表来诠释"风成说"理论,

但后来他又考虑到,虽然这个选题对中国科研意义重大,在国际上却缺乏关注度,于是放弃了。接着他全面考虑,最终选定要做古气候选题,用中国黄土作为重点来论述黄土与中国的冰期—间冰期的联系及如何联系的,这些问题也是研究黄土的关键所在。因为黄土就好像是一块千层厚饼,有多少层古土壤,就代表有多少种不同的古气候。风成的黄土,代表了寒冷干燥的气候,干燥也是有限度的,植土中的那一层夹芯说明了那时期的气候特点受到大陆冰川四次进退的较深影响,这里存在着尚未完全解决的问题,比如,黄土高原的发育形成是如何利用了大陆四次冰川的进退呢?

刘东生在对黄土进行研究时发现里面存在着大量的生物化石,这引起了曾对古生物颇有研究的他的注意。他还注意到这些化石里面有着大量的两种小动物的化石,那就是蜗牛和鼢鼠(一种田鼠)化石。

于是,他想到了自己小时候在家乡小河边玩耍的情景,那时的他曾因好奇饲养过背着蜗壳的软体小动物蜗牛。蜗牛背上美丽的蜗居硬壳,其中主要成分是碳酸钙,而黄土中恰好富有大量的高钙质,因此黄土里盛产蜗牛。而且蜗牛一辈子也不会离开黄土走太远,它的化石会留下当地当时的历史气候信息。如果再将黄土层里发现的各种蜗牛化石品种与现在生存于世界各地的同类蜗牛品种进行比对,通过其生活习性是喜欢湿润还是喜欢干旱半干旱等,从其适应各种生存条件上,就能推断出古代的气候环境。

而他通过对鼢鼠的研究则发现,在进化历程中,鼢鼠渐渐失去了牙根,这意味着它的牙齿可以永远地长下去,这也是因为气候不断恶化,使得植物生长衰减,鼢鼠可食用食物减少,质地变得粗硬、咀嚼起来更消耗牙齿的体现。从黄土埋藏的古土壤、碳同位素、古植物孢子花粉及动物化石来看,黄土高原过去是草原而不是森林,气候干旱和半干旱,在黄土高原上很有可能从来就没有覆盖过大面积的森林植被。

而古土壤的形成在气候条件上需要有相当的温度和湿度为前提以及较好的植被覆盖,刘东生思考:它是否会受到中国东部季风的影响?按照这个思路下来,不难得出下面的答案,即中国春夏季因为刮东南季风,温暖潮湿、降水充沛,对土壤影响很大,应该与冰期相对;而秋冬季则是从西伯利亚吹来的寒冷而干燥的冷风,把黄土裹挟而来,成为堆积的旺盛期,也恰好对应着间冰期。

温暖潮湿的气候还是两次冰期的间歇——这在地质学上就叫"间冰期"。刘东生看到黄土层中夹杂的一条条红色的条带,这应该是过去生长着植被的古土壤。他在黄土高原许多地层中,都发现了黄土—红土—黄土—红土……这样交错循环堆叠现象,最多的地方可达34层古土壤和35层黄土,如同一只巨大的千层饼,记录了古代气候干湿与冷暖的变迁。每逢寒冷干燥时期,由于地面植被较少,容易形成粉尘,冬季风力较强,更容易把粉尘扬起来,形成黄土堆积;而在温暖湿润的气候中,夏季风会带来雨水,有利于植物生长,促进土壤发育。

刘东生觉得这种思路是正确的,问题是如何找到一个独特的黄土切入点,把古气候的影响更加细致完美地呈现出来呢?这个问题在当时千头万绪,解决起来有相当的难度,一度让刘东生感到十分茫然。

刘东生联想到第四纪气候的基本特征是呈波动性的周期性变化的，表现为气候冷暖、干湿的变化，具体表现为冰期—间冰期的交替、雨期—间雨期的交替、冬季风与夏季风的交替。而这时候，他了解到在北非等地曾提出雨期、间雨期的概念系统，他的视野再一次打开，内心不禁豁然开朗起来。当时，美国地质学家埃米利亚尼在加勒比海的深海钻孔岩芯里，用有孔虫的氧同位素比值建立古温标，测海水古温度，恢复古海洋环境获得成功。

这与刘东生的许多想法相吻合，他于是开始借用埃米利亚尼的方法，把气候变化、中国黄土及古土壤做成了一条曲线。曲线主要是根据洛川黄土剖面做出来的。若黄土越厚，就表示寒冷干燥持续时间较长，就往寒冷干燥那边多画一些；若古土壤越厚，就表示温暖潮湿持续时间较长，就往温暖潮湿那边多画一些。埃米利亚尼的曲线有6至8个旋回，已打破了四次冰期—间冰期的格局。而黄土与古土壤也是多旋回，而且旋回次数比埃米利亚尼还要多。刘东生十分兴奋，他知道，传统的四次冰期—间冰期的陈旧模式已到了非打破不可的时候了。

虽然如此，在具体论证方面还有大量的工作要做，刘东生参加此次会议的论文只对中国黄土的研究成果做了比较全面的分析和介绍。材料准备好了以后，他把论文交到李四光主任的办公室。李四光对参加会议的论文非常重视，凡事都要亲历亲为，一一过目审定。

刘东生非常敬重中国现代地质学界卓越的开拓者李四光，非常钦佩他对科学认真负责的态度及教书育人的风范。李四光提出的构造体系新概念，为研究地壳构造和地壳运动、地质工作开辟的新途径,为微体古生物研究开拓的新道路,以及他建立了中国第四纪冰川学,特别是对地层划分、气候演变、环境治理和资源勘查开拓等方面的研究和成就,也让刘东生充满崇敬。

在汇报中,刘东生对黄土物质成分、分布特点、地层关系、区域变化与气候变化的关系作了解说。当时没有明确提出季风的概念,但更集中地表现黄土与气候以及和梅雨、雨季的关系。

李四光听得非常认真,不时提一些尖锐的问题,如:你这个黄土在哪儿做的?怎么做的?那个地方情况怎么样?那个地形怎么样?黄土有多厚?黄土有多少层?你看到什么了?上边是什么样,下边是什么样?黄土本身什么样?而这些都已经深深地刻在刘东生的脑海里,有时连睡梦里都是黄土,都在向黄土的更深处探究,所以回答时刘东生几乎不需要思考就能脱口而出。

李四光终于满意地点点头,他又说:"这个黄土你觉得哪儿发育得最好?"

刘东生回答:"在所走过的地方中,我感觉山西太行山以西的离石王家沟的剖面为最好,出露好,很有代表性!"

李四光(1889年—1971年),著名地质学家

李四光便用探寻的口气说:"那我们是否可以给它起个名字,就叫作'离石黄土'?"

刘东生说:"好啊!以前我们只把它叫黄土、老黄土,现在给老黄土命名'离石黄土',确实很好。离石是县名,这些老黄土在这个地方广泛分布,有此名字恰如其分!"

李四光也微笑了起来,转而又问:"我想知道这离石黄土的下面有没有更老的黄土?"

刘东生又介绍了南边吕梁山西麓、山西大宁午城镇柳树沟剖面。这个剖面出露很全,上面是相当于离石王家沟剖面的典型老黄土,它下面还有一层黄土,含很多钙质结核,结核里还有鼢鼠的头骨化石以及其他化石,再下面就是紫红色含三趾马化石的黏土,即所谓"保德组三趾马红土",其间有个不连续沉积的间断面。刘东生还谈到这套黄土中的古土壤层,下面结核多,形成了结核层。

李四光十分感兴趣,询问过午城镇柳树沟剖面黄土层分布、上下层关系、厚度变化,以及是否有断层、构造运动等问题,都得到确切的答复。他再次满意地点点头说:"看来你研究得很透彻了,那就把这层更老的黄土叫作'午城黄土'!"

就这样,刘东生和李四光总共讨论了四五次才把剖面黄土层基本轮廓定下来,从上到下的基本层序是:马兰黄土—离石黄土—午城黄土—保德组三趾马红土,反映了黄土整个发育的过程。这就是闻名世界(国际地层表中已被采用)的中国黄土标准剖面命名的来历。

刘东生向李四光汇报之后,按照李四光的要求重新修改了会议论文。另外,对撰写论文也起了很大作用的还有沉积物中保存的植物孢子和花粉这一恢复古气候的重要指标,当时这一研究在国内仍是空白,他通过观察指出黄土中的孢粉以蒿属和藜科植物为主,表明当时环境较干旱,说明黄土高原不是一个草原,从来就没有过森林环境,而且说明了黄土风成的沉积环境情况。

　　最后，李四光开创性地提出，文章中不用外国人通称的黄土，而用中国的拼音"Huangtu"来写《中国黄土》，题目将"Loess of China"改为"Huangtu of China"。"黄土"一词不用英文的"Loess"，而用我们汉语拼音的标注方式"Huangtu"，赋予了中国第四纪地质学家、黄土学家更多的独立精神和意义。李四光在地质考察中都是激情充沛，即使他当时年事已高，那种对科学研究一丝不苟、务求创新的精神仍一如既往。

　　李四光不仅认真地对中国第一次参加国际第四纪大会的文章加以审查，而且全神贯注，一下子就能进入到文章之中。他能够发现作者还未领悟到的文章中之宝贵科学价值，并把它送还给全然没有意识到其重要科学意义的作者。刘东生也从中得到了更多，不仅是专业知识，还有李四光对科学研究严谨的态度、对年轻科学家发自内心的重视关爱，做人做事的高度与风范。因此，他一直把自己认作是李四光的学生，永远怀念他的教诲。他也深刻体会到，他们为INQUA会议论文报告所做的准备工作，可以说是十分难得的，以前别的会议论文报告没有像这次参加国际会议这样花大力气，没有像这样上下齐发动、各部门总动员，也没有像这样经过了反复地修改、提炼。所谓的"宝剑锋从磨砺出"，在这过程之中刘东生和他的研究群体水平和素质都得到大的锻炼和提高。

　　1961年8月底，刘东生与同事孙殿卿如期来到波兰首都华沙，参加第六届国际第四纪研究联合会大会。刘东生带来的学术文章是《中国黄土》，孙殿卿的则是《中国第四纪冰川》。孙殿卿早期跟随李四光调查绘制过广西全区1∶250000地质图，从事第四纪冰川地质和地质力学研究,他对柴达木盆地的油气地质规律和找油勘查的突破,做出突出贡献,是我国第四纪冰川学的奠基人之一。

刘东生等人首先参加了会前的地质旅行,主要是到波兰东部靠近乌克兰的卢布林,那里有很多冰缘现象,也是波兰黄土最佳发育的地区。INQUA现场讨论会在卢布林举行,在庄严的充满浓郁学术氛围的会场,刘东生报告了他与张宗祜联名的文章——《中国的黄土》(Huangtu of China)。该文主要论述了黄土的成因和地层问题,提出中国黄土的地层层序,自老到新为午城黄土、离石黄土、马兰黄土,并对黄土—古土壤所揭示的冰期—间冰期多旋回的特点向国际地质界作了详细报告,与会者对此议题十分关注,当时台下一片寂静。当刘东生报告完毕,向台下点头以示谢意时,大家无不报以热烈的掌声。

此刻,刘东生感慨激动不已,这是中国人第一次在如此重大的国际会议上介绍了中国特色的黄土。他想到了第一个向世界介绍中国黄土的外国人——德国地理学家、地质学家,近代早期中国地学研究专家李希霍芬。他曾于1868年在中国进行地质地理考察,直至1872年。他在4年的时间里走遍了大半个中国。回国之后,他在自己的学术专著《中国》首卷里详细论述了中国黄土,是最早提出中国黄土的"风成说"的人。而作为一名中国人,刘东生与自己的研究群体经过艰辛卓绝的研究,不仅证实了黄土的"风成说",而且还将这一学说向前大大推进发展了。

多旋回理论取代四次冰期经典理论,是全球环境变化研究历史上的一次重大革命。对刘东生的这一多旋回理论的奠基,国际上也有很多评论。国际黄土研究联合会主席、英国的斯莫利(Smalley)教授在一篇文章中这么写道:"1961年的波兰会议是一个重要的转折点。在这个会议上,中国科学家报告了黄土的成果……中国科学家显然走在了前面。"作为中国人,作为已经站起来的中国人,跻身世界学术前沿的刘东生让祖国感到无限的自豪和骄傲。

第二十二章
蓝田遗憾

在刘东生漫长的地质生涯中,他常常告诫他的学生们,作为地质工作者,一定要有"打破沙锅问到底"的精神,很多时候,坚持对真相穷追不舍、探究到底的工作作风是抵达成功彼岸的必要条件。

早年,刘东生求学于西南联大的时候,他的老师在课堂上就为他们讲述过一个功亏一篑的地质勘探故事。话说当年,有一位地质学家到山东去做野外调研,一路走到了蒙阴、莱芜一带,因为当时天色已暗,他就没有完成预定要走的行程,前面还有 500 米的样子没有勘查,他就提前打道回府了,并断言此行没有发现期望中的地质断层。不久,另外一个人不愿意贸然认同别人已有的结论,就亲临此地,比上一个人多向前行进了 500 米。于是,奇迹发生了,他看到了那地方有一个很大的因地壳运动而产生的地质断层。两人之所以得到截然不同的勘查结果,根本原因就在于后者的坚持,地质工作最需要的是坚持走完最后 500 米的精神。

这个故事让刘东生牢记了多年。然而,所谓"说起来容易,做起来难",因为没有走完最后 500 米留下了终身的遗憾,这样的事情还是在他身上发生了,让他在以后岁月里每次提起都不禁扼腕叹息。

刘东生(左三)与贾兰坡(右三)在斋堂马兰台野外考察

那是 1962 年,刘东生率队正在陕西蓝田县城东 16 千米公王岭做地质考察。公王岭是灞河左岸最高的一级阶地。在一个古老的巨厚砾石层之上,堆积着厚约 30 米的棕红色砂质黏土,即地质学上所称的"红色土"或"离石黄土",一些人和动物化石就埋藏在其中。

山风猛烈,山路崎岖,不知不觉间,太阳已经西沉,地质考察队员们早已饥肠辘辘。劳累了一天的他们,正在黄昏的夕阳余晖中做着当天考察的扫尾工作,他们一边交流今天的工作情况,一边记录考察的数据,整理考察装具。当刘东生开始拍打身上的尘土的时候,熟悉他的这一习惯动作的队员们,就知道他们这一天的工作已暂时告一段落,即将要收兵回营了。

可是,崖石边的刘东生却突然之间把手停住了。他的目光盯住了头顶上方的一块土层,他在夕阳的最后一丝光线里,仿佛发现了什么,他凝视着,不禁伸手在上面轻轻抚摸着,地质队员们也好奇地围拢了过来。

"这上面好像有化石的痕迹,到底是不是骨头化石?是人骨还是兽骨的?天色太暗了我无法看清啊。"刘东生一边咕哝,一边思考着。凭着直感,他觉得这些东西也许大有名堂。因为蓝田的地层比较完整,一层一层相叠压着,几乎每层都有种类繁多的能够鉴定地质年代的古动物化石。眼下,古生物化石研究的经验告诉他,这块看起来像人或动物的骨头化石里,一定蕴含着等待解开的远古信息密码。

现在放弃十分可惜,只是,天色真的已经太暗了。想着手完成对这块化石的开掘,借着手电筒那点巴掌大的光亮,是不容易办到的,那样有可能还会损坏化石,这种过失是地质工作者所不能允许的。

怎么办?短暂的踌躇后,刘东生还是对队员们无奈地宣布:"今天就这样吧,情况不明朗,我们与其冒险挖掘,倒还不如先把它留在这里。今天太晚了,我们还是白天再来吧!"

一直到晚上10点,疲惫的队员们才回到小村驻地。这一夜,躺在床上的刘东生还在惦记着下山前他看到的那块化石,心里有一种怅然若失的感觉。然而第二天,由于上级给他们安排了另外的考察任务,时间紧迫,他们便再也没有回到那里,从而错失了机缘。

1963年夏天,中国科学院古脊椎动物与人类研究所派考察

刘东生的故事

刘东生（左一）陪同杨钟健在野外考察

队到蓝田寻找新化石，在陈家窝村厚30米红色土层底部发现一个老年女性下颌骨化石以及牙齿化石10余枚；1964年5月，又在蓝田县城东20千米公王岭红土层底部的钙质结核土中，发现一个基本完好中年女性头骨化石与一批古生物化石、旧石器等，一时轰动学术界。这是继北京猿人之后，我国发现的最重要的人类化石——中国最早的蓝田人。蓝田人是我国早期的人类，不但证明了我国是人类的发源地之一，驳斥了以往中国人种"外来说"的错误，而且这是已发现的亚洲北部最早的直立人，这个发现对中国乃至世界的意义都十分重大。

曾与后来发现的"蓝田猿人"化石失之交臂，这件事情成为刘东生和队员们的终生遗憾，也让刘东生对地质工作有了更深刻的认识，至于"蓝田猿人"化石是不是自己的发现已无关紧要，更重要的是对待科学工作的态度。就像古代贤达曾经"吾日三省吾身"那样，刘东生经常严格地检讨自己，他甚至认为，是自己的疏忽与懒惰才造成这次遗珠之漏，更严格地把这次教训看作是自己对待科学事业的态度还不够虔诚。他在后来的工作笔记上记下了这段心路历程:这次的遗憾,就是因为我少走了那么几步,我没有多花一点精力,努力把它挖掘出来,这个教训太深刻了。这件事对于自己还是一记长鸣的警钟,要时刻在耳畔敲响。一位地质学家,每去一个地方,一定要想到,这个地方明天也许没有机会重来,所以一定要把这个地点的地质调查做到详尽无疑,才能不留遗憾。通过这件事,也更加促使刘东生将探索的脚步继续下去。而不止步地行走,在行走中不断地寻觅、发现与认知,正是一位优秀的地质学家应该具备的素养和修为。

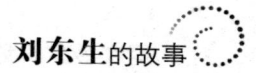

第二十三章
希夏邦马峰登顶

1964年,在刘东生科学生涯里,是向纵深发展的重要一年。这一年,他实现了自己早年的梦想,就是青藏高原探险,成功登顶了海拔八千多米的希夏邦马峰。

此前,刘东生详细总结了在黄河中游水土保持工作中的科学研究成果,出版了两本专著。黄土研究工作似乎可以说告一段落了,他开始思考下一步的工作方向。李四光曾说过,研究第四纪必须研究冰川。黄土成因的"风成"说虽已有了一定的研究成果,然而还面临一个问题:黄土物质的源头从何而来?原来认为是从戈壁(石漠)到沙漠、再由沙漠到黄土的这样一个系列,戈壁地区岩石风化、破碎,形成了粉砂细粒,究竟这种情况是局部现象呢还是占绝大部分比例?是否还有来源于冰川研磨的呢?黄土多为粉砂粒级之物质,但其中棱角新鲜的石英颗粒又是怎么来的呢？有人认为是从冰川来的,美洲、欧洲的黄土基本上分布在冰川沉积的外围,所以欧、美学者认为,冰川刨蚀岩石,研磨得很细,搬运到冰川外缘沉积下来,再经风力吹飏、搬运到附近形成黄土。从我国黄土物源来看,我国黄土高原离冰川很远,似乎与冰川关系不大,而且大片戈壁、沙漠也足够成为供应黄土之物源了,刘东生等的调查特别是对黄土颗粒粗细分布的研究,都有力地证明了黄土是风力从西北向东南搬运过程的产物。

中国黄土的物质来源到底与冰川有怎样的关系？这就需要具体研究中国的冰川,中国西部冰川以往研究得确实太少了。我国西部现代冰川外围是否也有黄土在当时也属未知。我国西部现代冰川位于西藏、青海、新疆、甘肃等地区,是大片高原,人迹罕至,研究得很少,十分值得去探索。

1964年年初,就在国家体育总会所属的中国登山协会组织登山队将要攀登海拔8012米的希夏邦马峰时,中国科学院地理研究所冰川冻土研究室主任施雅风组织了科学考察队,准备跟随登山队一起前往。科学考察队阵容强大,有测量组、冰川组、地质组、地貌第四纪组。登峰的同时,还要进行川藏公路波密段泥石流考察。登山队对此次科学考察也非常重视,要进行天山、祁连山的冰川等一系列课题的研究。

刘东生找到科学考察队队长施雅风表达了自己想去做冰川地质考察的意向并获得批准。他还被任命为希夏邦马科学考察队副队长。他匆匆忙忙的,什么都来不及准备,就跟着科学考察队出发了。刘东生感到自己离开了黄土高原,又踏上了青藏高原。走更多路,在亲临亲见中探寻更多未知,也便于找到更多关于黄土的信息。这让他开始设想,能否把青藏高原研究同黄土高原研究结合起来,能否把固体岩石圈的演化同地球表层圈的演化结合起来,因而开辟出地球科学新的研究领域。

此次青藏高原科学考察队的探险,也一圆刘东生青少年时期的梦。他在西南联大读书时,曾看过一部由英国作家希尔顿作品改编的电影《消失的地平线》。讲述的是一名英国外交官康韦和他的几个同伴,在战时乘飞机沿中国至印度的航线飞行时,飞机被劫后坠落到中国西藏的一个叫"香格里拉"的地方。大难不死的康韦发现,这个地方被形似金字塔的美丽雪山和森林环抱着,雪山、冰川、森林、草甸、峡谷、湖泊和金矿,以及有着各种信仰、祥和、宁静和亲善的人们。

这部电影使这片远在东方的充满诗意、梦幻和神秘色彩的人间净土,从此成为越来越多的人寻找、投奔和梦寐以求的精神家园。这部电影中的情境一直吸引着刘东生。当年他就想,有条件自己也要到这里寻梦,寻一个所有地质学家都希望成真的梦。

1964年2月,来自各地的登山队员、科考队员集中到达拉萨。1964年3月,中国登山队到达希夏邦马峰脚下。这时节,拉萨河谷已是枝头泛绿的初春,而这里却还是一派寒冬景象:天空是阴沉沉的,强烈的高空风发怒似的横扫地面,翻腾飞舞的雪粒和石粒扑打在登山者的身上和脸上,麻麻发痛。他们在海拔5000米的一片宽阔的高山草原上,刨土搬石,开始建设登山大本营。驻扎下来以后,大家做了多次适应性野外行军。

希夏邦马在藏语中是"气候严寒、天气恶劣多变"之意,它是当时世界上14座海拔8000米以上高峰中,无论登山或科考，都从未被人类涉足过的处女峰。希夏邦马峰也是唯一一座完全在中国境内的 8000 米以上山峰，东南方距珠穆朗玛峰约 120 千米，它的海拔高度在此前的文献和地图上标注得很不一致。刘东生要与队员们一起，走进希夏邦马的群山之巅，对这一科学空白区域做一些常规性的基础工作。这一年，恰逢中尼公路正在开通之际，筑路民工劈山开路，亿万年的冰川巨岩第一次在世人面前展露真颜。也正是天赐良机，地质学家可以事半功倍、乘势而上进行科考活动。

科学考察队员中大多数人都没有攀登雪山的经验，他们学习登山队员，采用"一根绳子、几条人命"的结组行动方式，而经验丰富的登山队员便成了他们的老师，给他们讲解登山要领及注意事项。比如雪后，不能立即爬坡登山。因为新雪比较疏松，内聚力较差，人在山上活动容易触发雪崩。攀登积雪山坡时，不要横穿斜坡，那样容易踩裂雪层、诱发雪崩，最好径直向山顶方向前进。当然，这样做体力消耗较大。在万不得已的情况下，可以采用"之"字形的攀登路线，但"之"字的角度应尽可能放大。行走时，脚步要轻要稳，不要另开脚步，要踏着前面留下的脚印走。在积雪显得较不稳定时，不要尖声叫喊，也不要大声歌唱。因为，有时候声波也能冲击积雪，引起崩塌。非要横穿雪坡时，每人的间隔要远一些，一个一个地前进。每人必须保持高度警惕，一旦有谁发现积雪断裂滑动，有崩塌的危险时，就要大声喊叫"雪崩"，使后面的人有所准备。要是本人脚下的积雪已在滑动，首先要把冰镐插在积雪上，尽可能使自己停在积雪面上。

经过一段时间的攀登及体能训练，5月2日凌晨四时，天气晴，刘东生他们终于要向希夏邦马峰主峰进发了。天空里淡淡地飘着一块块灰白色的云,风吹云动,一弯明月悬挂夜空,时隐时现,月光照射在寂静的坚硬粒雪面上,闪烁着光彩,好像整个冰雪世界都在微微颤动。刘东生他们小心翼翼地快速攀爬,沿途注意观察地形、地貌。

为了争取时间,他们行军的速度比较快,一鼓作气到达了7800米附近,然后开始向左上方斜切上升。队伍斜切宽20米的冰瀑区的冰陡坡,冰面光滑,异常坚硬,冰瀑区的下面是直泻千丈的冰雪陡坡。

通过冰瀑区后,接着就是一个屋檐式的较平缓的台阶,上面是比较厚的粒雪层,其表面是一层不太厚的松雪。突击队伍翻过一个粒雪

刘东生(左)在希夏邦马峰科学考察

坡之后,就向右拐进一个山坳,这时浮雪加深,队伍走得愈来愈慢,强烈的阳光和冰雪交相辉映。即使带着墨镜,也感到晶光耀眼,头晕目眩。极度缺氧和体力的消耗,迫使他们大口喘着气,不时坐下来休息一会,待呼吸平稳后再继续前进。

他们又走了50米才到达一个缓坡上。抬头望去,顶峰近在咫尺了。队员们一步一步地向前移动,同伴间互相勉励,相互支持,绕过一个蘑菇状的雪檐,来到了一个呈三角状的冰雪坡顶部,面积大约5平方米,这时眼前豁然开朗,已站上了最高处。

呼啸的山风，不断向他们扑来。刘东生他们忘却了疲劳和严寒，脸上露出了胜利者的喜悦。全队人员登上希夏邦马峰主峰后，在峰顶逗留了40分钟，完成了预定的各项工作。队员们兴致勃勃地饱览了高峰之巅的壮丽风光，此时太阳斜挂在东南方的晴空，好像离他们更近，而彩霞正从他们脚下掠过。

刘东生不能忘怀他们穿行在海拔5000—5800米之间冰塔林中的奇异感受。冰塔区长达几千米，冰塔林是低纬度高海拔山区特有的大陆性冰川奇异景观。因为海拔高，巨厚冰川得以形成；因为纬度低及阳光折射作用，造成冰川蒸发、消融与升华的不平衡，才形成了大规模的冰塔林奇观。冰塔相对高度自数米到30米参差错落，景象形态甚是奇异，宛若"冰晶园林"，但其上又布满了纵横交错的冰雪裂缝和时而发生的巨冰雪崩。穿行在晶莹闪耀的冰塔林中，宛如步入仙境。只见冰路通幽，幽处皆冰；冰塔崖壁间，错落着明镜般的冰湖，贯穿着曲折的冰沟和幽深的冰洞，冰沟与冰洞上架设着雪桥，雪桥下悬挂着流苏般的冰钟乳。还有遍地的冰芽、冰笋、冰蘑和冰杯，冰塔环状生长

李四光（中排左七）接见希夏邦马峰科考队队员（中排左五竺可桢、左六刘东生）

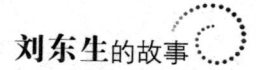

处,犹如莲花瓣绽开,真正美丽而神奇。在希夏邦马峰各种宏伟奇特的自然景象中,冰塔林是最引人入胜的。这是属于热爱冰雪世界的人们的骄傲。

刘东生后来曾感慨地说,科学事业不也正像在登山———一样的团体精神,一样的必胜信念,一样的没有观众、无人喝彩的冠军争夺赛!登山界的那句名言"因为山在那里"不也正是科学工作者的座右铭吗?

第二十四章
青藏高原科学考察结硕果

登顶希夏邦马峰之后,地形测量组测出峰顶准确高度是8012米,冰川组还从海拔6900米至峰顶的不同高度采集了冰样品,在6000米以上还打了冰钻。刘东生和科考队员们把采集到的标本、样品带回北京分析研究,得到的重要资料和数据填补了青藏高原的科考空白,取得了显著的科研成果。

这次登山活动,为刘东生对青藏高原冰川的研究发掘了新空间,有了新认识。而在登山过程中发生的几件事,也令他终生难忘。

他们经过中尼公路时,新近劈开的山崖属于危险地段,时有塌方发生。有一次,随着不远处同伴的一声惊喊,一块巨石已轰隆隆从天而降,砸向专心观察的刘东生。他此时左右闪避已来不及了,由于长期野外考察积累的经验,也是别无选择的选择,让他直接扑向山根死角。巨石擦身而过,砸垮了半边公路,滚下万丈深渊。事发猝然,大家一时反应不过来,事后才猛地冲向他们的队长。"还好,还好。"刘东生一边说着,一边拍打浑身泥土。幸亏躲避及时,只不过擦伤一点皮肉而已。

还有一件难忘的事,那就是他们在希夏邦马峰找到了高山栎树叶化石。正是这一发现,引发了青藏研究一个新课题的诞生,一次飞跃性进展。

那天,太阳在高海拔雪山下落得特别晚,在最后的余晖里,像归巢的小鸟一样,出了一天野外的考察队员们以小组为单位返回驻地。刘东生刚回来,北京地质学院教师张康富就来找他看一样东西,说是白天捡到的一块植物化石。刘东生仔细察看着这块化石,是一片阔叶,轮廓和叶脉清晰可见。他忙问是在哪儿捡到的。回答是在海拔 5900 米冰川旁的岩石里。刘东生心想,这样的阔叶林现在藏东南海拔 3000 米处已是生存上限,为什么它的同类化石却出现在高于这个上限的地方,这说明了什么呢? 他当时推测,如果这是几千万年前的化石就不足为奇了,因为当时国际地学界认为青藏高原的高度久已存在,它的隆升时间并没有作为问题提出。这时,一个大胆的设想在刘东生的脑海产生:如果这块化石出现在较为晚近的年代里呢?

一回到北京,刘东生就马上找了北京植物所的徐仁先生做鉴定,结果和他的设想完全吻合,这块化石就是高山栎,而且年龄仅有 200 万年! 这就意味着青藏高原的强烈隆升是晚近的事件,而且在 200 万年中强烈地上升了 3000 米! 这一枚高山栎化石引发了此后 10 多年关于"青藏高原隆起时间、幅度和阶段"问题的大规模科学论证,也为全球气候的变化提供了有力的科学依据。

再有一件事,说起来让刘东生有些难堪,就是他在希夏邦马的一次"高反"经历。当时为保暖起见,他们宿营用的是外层涂有橡胶的不透气的帐篷,但第二天一早起来,他一出帐篷就一头栽倒在雪地上了。他们宿营地是处在海拔6000多米的高度,队友们赶紧把他抬到山下5000米的地方。可是,很快,刘东生就爬起来没事了。后来才知道,他的身体并没有产生高山反应,是因为不透气的帐篷导致他大脑严重缺氧。通过这次有惊无险的经历,他反而了解了身体的潜能,对自己的身体充满了信心,后来他几次顺利登上海拔6000米以上的高山。

郭沫若(中)接见参加希夏邦马峰科考队部分成员(左三施雅风、右三刘东生)

1964年8月,中科院专门召开了北京科学讨论会。周恩来总理亲自关怀,陈毅副总理直接参加并组织领导,中共中央宣传部周扬副部长,中国科学院张劲夫、李四光、吴有训、竺可桢亲临会场出席。大会上,施雅风、刘东生等人做了希夏邦马峰科学考察报告。刘东生报告的主题是《高山栎在青藏高原的重大发现》,引起与会中外地质专家的注意和兴趣。由此,国际上开始注意青藏高原隆起的问题,对于以后组织珠穆朗玛峰登山科

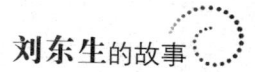

学考察活动以及国际青藏高原科学考察活动都有很大意义。

中国的和外国的地质学家早期在中国的地质考察,很多都是填补地质空白性质的,基本上是传统的地质科学工作的扩展,在这人迹罕至的青藏高原更是如此。而真正标志地质科研新时代开始的是 20 世纪 60 年代和以后的希夏邦马峰和珠穆朗玛峰科学考察。刘东生参加了希夏邦马峰科学考察后,又参与组织并领导了珠穆朗玛峰科学考察,1966 年担任了珠穆朗玛峰登山科学考察队队长。他全部精力投入了青藏高原科学考察。这又形成了对他黄土研究的又一轮冲击波。

号称地球第三极的喜马拉雅山位于中国西藏和印度次大陆之间,是世界上最高大的山脉。形成于 6500 多万年前的第三纪,有 30 多座 7300 米以上的山峰,海拔 8848 米的主峰珠穆朗玛峰位于中国和尼泊尔边界上。刘东生等结合前人的研究认为,6000 多万年前,中国大陆东边是太平洋,北边的西伯利亚,南面的喜马拉雅山地区还是浅海,西边的地中海在当时伸入到亚洲中部,因此,温暖潮湿的海洋气流得以滋润着平坦的中国大陆。但是,当印度板块在向北移动与亚欧板块碰撞后,印度大陆的地壳插入亚洲大陆的地壳之下,并将后者抬升起来,喜马拉雅地区的浅海消失,喜马拉雅山开始形成并渐渐升高。这时,青藏高原也在印度板块的挤压下升起来,到 200 万年前,青藏高原已相当高了,但它还在继续升高。地表形成的巨大变化改变了大气环流的格局,东西走向的喜马拉雅山挡住了印度洋暖湿气团向北的移动,中国西北地区越来越干旱,渐渐形成了大面积的戈壁和沙漠,成为黄土高原的沙源地带;青藏高原的宽度约占西风带的三分之一,将西风带的近地面层分为南北两支,南支沿喜马拉雅山南侧向东流动,北支从青藏高原东北向东流动,这支高空气流常年存在于 3500 米—7000 米的高空,成为搬运沙尘的主要动力;青藏高原的隆起也使东亚季风加强了,西北风将中国西北部和中亚地区的沙漠与戈壁表面的沙尘抛向东南,尘埃落定,终于形成了连绵的黄土高原。

这次珠穆朗玛峰科学考察的中心议题是"珠穆朗玛峰地区的隆起及其对自然界和人类活动的影响",最后出版了包括地质、古生物、第四纪地质、自然地理、现代冰川及地貌、生物及高山生理、气象及太阳辐射等七个分册的《珠穆朗玛峰地区科学考察报告》。刘东生通过青藏高原科学考察,发现那里既有冰期沉积,又有间冰期沉积,联想到他们过去研究的黄土—古土壤—黄土—古土壤旋回序列,可以与冰期—间冰期—冰期—间冰期遥相对应,也可以与间雨期—雨期—间雨期—雨期联系起来,对黄土研究既是冲击,也是促进。

刘东生此后又参加了珠穆朗玛峰、托木尔峰、南迦巴瓦峰的科学考察,这些科学活动都将人类对青藏高原的地质研究推向了一个前所未有的高度。

他还提出了"青藏高原的隆起对自然环境及人类活动的影响"。关于青藏高原究竟是怎样隆升、在什么年代升高到了什么程度的问题上,过去地质学界的研究主要集中于地质构造和地球物理方面。刘东生则另辟蹊径地利用黄土来追溯青藏高原的历史。黄土研究揭示了黄土高原的形成与季风的关系,表明青藏高原—戈壁沙漠—黄土高原是一个成因上彼此相关的系统,其影响还可以延伸到黄河起源、华北平原的起源、黄海和渤海的充填乃至北太平洋海底的粉尘堆积,而青藏高原的隆起是这些现象的原动力。黄土高原是青藏高原升起的产物,黄土的历史也是青藏高原的历史。利用黄土来追溯青藏高原的历史,将固体岩石圈的演化同地球表层圈的演化结合起来,开拓了青藏高原研究的指导思想。从此,他开辟了地球科学的一个新领域,地球系统各圈层相互作用成为国际学术界的研究热点。

第二十五章
力捐克山病重任

一个人之所以取得成功,是和他在人生低潮时期的能量贮备分不开的。这句话放在刘东生身上也同样准确。

1966年5月,"文化大革命"开始了。刘东生的工作单位中国科学院地质研究所也不无例外地受到冲击,他和许多科学家突然间变成了需要改造的知识分子"臭老九",被关进过"牛棚"、挨批斗、搬砖头、扫大街、洗厕所。1968年,刘东生调往贵阳地球化学研究所工作,因为这一年在清理阶级队伍中他被人指控为特务,被错抓了起来,要他交代莫须有的历史问题、工作问题。后来才弄清,被指控为特务的刘东生另有其人,只是重名罢了。这事虽然不了了之,但刘东生仍被关在"牛棚"中继续改造。这一段时期,刘东生从没有放弃对地质专业的执着和热爱,他找到所能找到的地质文献抽空认真研读,对照过去的调查笔记，了解和关注世界地质前沿科研动态。他心中有着坚定的信念，只要坚持挺住，走过人生的低谷，定会迎来地质科学研究的春天。到了第二年，情况有了一些好转。北京成立了一个地方病防治办公室攻克克山病，认为这种病与黄土中的元素含量可能有关系，力邀刘东生这位"老黄土"配合参加调查。又回到了科研岗位的刘东生，内心很不平静。黄土研究已成为他生命中不可分割的一部分，如今，黄土以这种方式再次回到自己的身旁，虽和以前自己的研究方向有所不同，但是，他想到以后可以在对它的研究与分析中，找到解除地方顽疾给人们带来的痛苦的方法，他感觉自己肩上的责任重大。

刘东生对克山病早有耳闻。这是一种以心肌变性坏死为主要病理改变的地方病。1935年在我国黑龙江省克山县发现大批急性病例，主要表现为心脏扩大、心力衰竭、心律失常，因病因未明，故称为"克山病"。患者发高烧，吐黄水，有的人甚至发病一天后便离世了。有人怀疑是霍乱病，有人猜测是细菌感染。经解剖发现，是心脏肌肉坏死。1967年，克山病开始爆发，黑龙江、内蒙古、陕西及四川等地都不同程度地出现多个克山病病例，而且大有蔓延之势，引起了国家有关部门的高度重视。当时，医学工作者发现这种病的发生存在着地区性，与地质有关系，刘东生及一些地球化学所的同志都认为这种病很大程度上与当地老百姓生存的土壤有关系。刘东生想到又能做一些对人民群众生活有意义的工作，他的工作热情再次被激发了，他忘记了之前在"牛棚"里所遭受的痛苦与委屈，一切向前看，不纠结于过往的伤感中是刘东生一贯的工作作风。

刘东生参加并领导了"克山病与大骨节病的水土病因考

察"课题。刘东生与几位地球化学、土壤研究人员从黑龙江的克山县调查之后，1969年春天，又到了陕西关中地区的永寿、长武等县，他们会同西安医学院的师生们以及陕西省地方病防治所的科研人员及其他有关人员一起，到地方病分布的病区做调查，了解疫情的分布和动态、趋势，制定应对措施。

早春二月的陕西黄土高原仍然处在严冬的肆虐之下，刘东生一行，白天走访每一个发病的村落，了解土壤和水源以及粮食情况，晚上，他们返回住地，带回大量的土壤、粮食及水的样品。有时，他们甚至在冰天雪地里打井、试验、取样、勘查。手脚冻肿、冻烂了，但大家全然不顾地投入工作之中。晚上，呼

刘东生与杨理华（左）、郭旭东（右）在西藏考察

啸的寒风夹裹着雪花，从破烂的窗口刮进来，大家被冻得睡不着，睡在同一个炕头的人们瑟瑟发抖，有时便干脆爬起来围坐在黑漆漆的炕头上，讨论起病区的情况。为了早日攻克疾病难关，刘东生他们能够克服所有的劳累和困苦。

西北大学地理系一位叫张保升的教授曾调查过陕西克山病及大骨节病，当时他从分布上认为这两种病与地貌有关。山地和丘陵地区发病多，而平原地区发病少，感觉它们可能与元素流失有关。哈尔滨医科大学教授于维汉认为严重的病情主要是由于营养不良造成的。东北大豆多，也容易做豆腐，他结合农

村中的实际大力提倡多吃豆腐。刘东生与研究小组在综合了前面研究的基础上,采用新技术、新方法对黄土进行了更加深入系统的研究,对种出粮食的土壤也进行了化学元素检测分析。根据地质学原理,河流都是由高处向低处流的,一些物质和元素于是便会从上游带到下游,上游缺乏,而下游却是沉积富集区。化学分析主要是观察缺什么化学元素,多的会中毒,少的会有缺乏症。根据这样一个地质原理,他们调查这些地方的水、土、粮及人的头发,对一些病区与非病区进行对比、分析、研究。

　　刘东生通过一次次分析研究的数据结果,发现黄土塬上病情少,塬下沟谷里多,特别是侵蚀区午城黄土、离石黄土下部经风蚀而露出很多结核处得克山病的百姓多,从而印证了张保升教授的论断。刘东生在科学考察及细致钻研中还发现一个特点,那就是克山病的发生有其周期性,一般每隔十来年爆发一次。在科考中发现,从东北往西南,发病区呈条带状分布,黑龙江—吉林—内蒙古—陕北—四川—西藏,呈北东至南西走向,这与李四光地质力学中的"华夏系"走向一致。病区分布极有区域性:在山顶和山下平原区都很少,病发区在山顶到平原的过渡地带,即沉积岩为基岩的地区,由于风化、侵蚀作用,元素开始流失,却没有沉积之处。另外,病情与气候也有很大关系,刘东生在地图上发现,降水量大的湿润区域和蒸发量大的干旱区域得病的人很少,而降水量与蒸发量持平的地区是病情多发区。

　　美国很早以前就有"硒缺乏症"的记载,刘东生在一本书中看到美国西部牧区有一大片地方,基岩是三叠纪地层,其中缺硒。风化壳土壤层里就缺硒,从而牧草中也缺硒,那里的羊吃了微量元素硒缺乏的牧草引起了骨骼肌、心肌纤维以及肝组织等发生变性、坏死，以致羊群最后连站都站不起来。刘东生大受启发，克山病就是因这些地区的土壤中缺硒，产出的粮食及饮用的地下水中也缺少硒这种物质而导致的，只有补硒才能改善症状。刘东生研究小组的重大发现，对攻克克山病起到了关键作用。而大骨节病又称"柳拐子病"，患者关节增粗变形，肌肉萎缩，甚至连生活也不能自理。大骨节病主要分布在东北、华北、西北和西南地区。与克山病恰恰相反，大骨节病是由体内含硒量过高引起的。通过改善水质、土壤改良、增加相关的微量元素等措施，调整粮食的品种，在陕西的克山病多发区，采取这些措施后，病情得到很好的控制，发病率也减少到了最低程度。

他为自己在"文化大革命"那个疯狂的特殊时期里，还能为百姓真正地做些力所能及的事情，深感欣慰。这次对黄土的调研对造福一方百姓的健康做出了大的贡献，而使刘东生最高兴的却是，这种黄土的基础研究可以为黄土高原的可持续发展不断提供科学的依据。这次地方病的综合研究，使刘东生对黄土研究走向了纵深，对其中所含微量元素分布规律的探索都用到了实处。刘东生从年轻时起就实践着这一崇高使命。他曾说过："一位致力于科学事业的工作者，在自己的奉献中能让百姓大获裨益，没有比这让人深感欣慰和幸福的事了！"

1971年的春节，刘东生仍留在黑龙江克山县继续观察克山病的情况。他们与其他相关部门齐心协力，终于使克山病、大骨节病等地方病得到了有效控制。到了上世纪八十年代，这些病逐渐减少，慢慢地趋于消失，而且黑龙江克山如今也早已摘掉了"克山病多发县"的帽子，这与刘东生为代表的中国科研和医务人员艰苦奉献是分不开的。

第二十六章
地质学与人类健康

1971年春节,留在克山县的刘东生因为研治克山病有功,他们被县领导请到县招待所去,作为贵客热情款待。寒冷的黑龙江虽然室外漫天大雪,室内却温暖如春。

一天深夜,一位"风雪夜归人"急急地踏着没膝的积雪走进大院,正是在北京开会归来的李士荣。他一到屋里,来不及喝口水,喘口气,就迫不及待地向大家传达了"好消息"。他拿出一份周恩来总理请来的日本新闻记者作的关于环境污染的报告,这是一个非正式的打印稿,大家争相传阅着。

刘东生等反复仔细阅读了李士荣带回的报告稿,越看越感觉到环境问题的重要性和急迫性。大家很受鼓舞,觉得克山病的调查研究正是与环境问题密切相关,很欣慰他们所从事的工作受到了党和政府的重视,这个"好消息"来得正是时候。报告开始讲了日本的小学生在图画课上所画的富士山的背景已不是蓝天白云,而是笼罩在脏灰的天幕下。报告中也讲到日本的水污染,有名的水俣病、骨痛病,正是由于水中汞污染造成的。报告也举了很多国外的例子,如美国洛杉矶的光化学烟雾事件造成的危害,还讲到垃圾堆放造成的环境公害,环境污染对孕妇、新生婴儿的危害等。人们发现了和平时期环境污染所造成的灾难和危害正在愈演愈烈。刘东生等从研究这份报告中,有了很大的收获。

克山病的防治让刘东生认识到了环境与人类健康的重要性与迫切性,为了更好地交流心得体会,总结工作中的经验教训,这一期间,刘东生他们自办了一本油印刊物《环境与健康》,自己编辑、组稿、刻蜡版、油印、装订成册,作为内部交流资料,也寄一些给有关单位和部门。大家完全是凭着一股工作热情和事业心,不计报酬地无私奉献。每期刊物上有近期地质工作的动态消息、报道,也有较长篇幅的专论。而这一油印内部刊物,于1972年正式铅印出版,更名为《环境地质与健康》。

刘东生(左四)在贵阳地化所与黄土组成员讨论研究成果

回到贵阳以后，刘东生就着咸菜馒头，翻阅着自己几年来看文献资料随手做成的活页卡片笔记，根据长期的科研积累，花了一个星期的时间，写了一篇5000多字的论文《环境地质学的出现》，刻成蜡版油印了上百份，邮寄给了有关科研部门和领导。不久，他将这篇论文略加修改，于1972年发表在中科院贵阳地球化学研究所的内部刊物《环境与健康》上，引起当时国内学术界的重视。

他在论文中明确指出，环境地质学就是研究人与环境相互关系的学科。环境地质学在世界上，特别是在发达国家中的出现与存在，早已是客观的事实，我国以往对地方病研究所取得的成就也属于这一范畴。我国科学家今天的任务是使这种研究从自发到更大程度的自觉，从分散、零星走向系统、全面，那就要成立专门机构，培养专门人才，召开专业会议，出版专业的刊物和教科书等。作为地质学工作者，立足于自己的本行，在"环境科学"这个大范畴中，还是要着重"环境地质学"这一分支学科的研究。他在这篇具有指导意义的文章中，根据世界环境地质学研究的概况，全面阐述了环境地质学出现的背景、学科范畴、研究方向及发展前景。他强调，人类依靠地球的其他组成部分作为自己生存的环境资源；反之，人类又作用影响着环境、消耗着资源。如果人们违背规律，破坏环境，无度地开发资源，就会断送人类的生存与发展。人类要做到长远的生存与可持续发展，就一定要与地球其他组成部分和谐相处，就要科学地、有计划地保护环境，开发和利用有限的资源。

这篇论文在中国环境科学界最早树起了一面高扬的旗帜，既宣告了中国环境地质学研究的诞生，也验证了刘东生的科学

国家最高科学技术奖获得者书系
GUOJIA ZUI GAO KEXUE JISHU JIANG HUODEZHE SHUXI

刘东生(左)再次带队赴青藏高原考察

研究要学会着眼"未来"的观点的正确,从而为我国环境地质学的发展奠定了坚实的基础,有着里程碑式的意义。

1973年,刘东生等接到官厅水库的报告,说发现该水库有死鱼现象。于是他们承担了调查的任务,进行官厅水库污染源的调查,并建立了我国第一个专门的环境污染化学分析实验室,就设在官厅水库。调查结果表明,是上游地区农田施放的农药不能降解,汇入水库,使水库中鱼群大批被毒死。通过此项目的研究,对日后全国的环境调查起了先导作用。以后,他又在时任北京市市委书记的万里同志邀请下和涂光炽、李长生等同志一起对环境工作进行了汇报,并承担了北京西部的城市环境评价工作;参加了由万国江、蒋九余等领导的"京津渤区域环境研究"等项目的工作,包括河北、北京、天津所辖的从山区到海边的环境调查研究;做了全国肿瘤普查(主要在河北、四川、云南),出版了《中华人民共和国肿瘤分布图集》。刘东生还注意科学探险活动与环境研究的关系,在他领导的珠穆朗玛峰和南迦巴瓦峰等登山科学考察中,也都涉及环境评价、环境质量等问题。

1979年,刘东生从贵阳调回北京以后,仍关心我国环境地质地球化学的发展。他直接指导了万国江、洪业汤、郑宝山等为首的环境地球化学国家重点实验室的立项认证，亲自参加论证答辩，继而完成了可行性论证，并经国家计划委员会批准，为利用世界银行贷款组建的我国重点学科发展项目之一。1991年国家计划委员会和中国科学院批准该实验室的建立。就在刘东生当选为第13届 INQUA 主席后不久，中国科学院批准了"环境地球化学国家重点实验室"(State Key Laboratory of Environmental Geochemistry)的中英文名称和该室学术委员会成员及室主任万国江等的人选。1992年又批准实验室对外开放。该实验室从组建到开放，都凝聚了刘东生的心血。由于刘东生在我国环境地质学领域的卓越建树，1979年他调回北京后，中国科学院新成立的环境化学研究所要设环境地质研究室，想调他去主持该室的工作；孙鸿烈主持中国科学院自然资源综合考察委员会工作时也想请他去该委员会做环境地质工作；中国科学院古脊椎动物与古人类研究所也同样想请他去。但都因种种原因，他最终还是回到了原先的老单位——中国科学院地质研究所（今地质与地球物理研究所），仍从事他多年来的黄土与第四纪研究工作。

环境地质研究使刘东生对黄土的研究进一步深入，有了更多新学科，如物理、化学、生物科学的新理论、新概念、新方法的引进，打开了黄土研究更新的局面。这时的刘东生一边仍致力于中国第四纪科学研究，建立、拓展了多门学科的科学研究室，一边培养后备力量，培养硕士、博士研究生，形成人才梯队，让地质科学研究队伍空前壮大起来。

第二十七章
重返北京筹备盛会

就像人们常说的,漫漫长夜终将过去,金色曙光总在前头。1979年,刘东生调回北京中国科学院地质研究所。此时,正处我国拨乱反正、百业待举的科技复兴之时,刘东生与科学工作者和全国人民一样,迎来了人生中最美好的春天。

由于刘东生一直领导和参与了青藏高原的科学考察工作,中国科学院为促进青藏研究的国际交流合作,发起了召开青藏高原国际科学讨论会的动议时,理所当然地想到了筹备这次重要会议的最佳人选——刘东生。他于当年被紧急从贵阳抽调到北京,参与青藏高原国际科学讨论会的筹备工作。

刘东生自从1968年调往贵阳的中国科学院地球化学研究所以来,十余年间,一家人长期两地分居。他的夫人胡长康担任过中国古生物学会副秘书长、中国古脊椎动物学会秘书长等职务，是中国科学院古脊椎动物与古人类研究所的科研业务骨干、杰出的古哺乳动物学家。她参加过"陕西蓝田新生界及古生物"等重点课题研究，取得重大成绩。刘东生离开北京期间，都是她带着一双儿女在北京，不但工作与家务两不误，而且还对年逾古稀的刘东生的父母非常孝敬，照顾有加。后来，组织上决定将刘东生调回北京中国科学院地质研究所，以有利于所里近期和长远工作的开展。

1979年，刘东生正式调回北京中国科学院地质研究所。他和家人终于也团圆了。从1979年回京起到1980年青藏高原国际科学讨论会召开，1981年会议文章出版工作结束，几乎整整三年，他全身心地投入这次科学盛会。在他整个科学生涯中，这也是至关重要的三年。

1980年5月25日，我国第一次青藏高原国际科学讨论会召开，有180多位中国科学家及来自18个国家的近80位外国科学家参加。刘东生以中国科学技术协会委员、青藏高原科学讨论会组织委员会秘书长的身份组织并参加了会议。科学家们指出，青藏高原的隆起，是地球史上最重大的事件之一；作为全球独特的地域单元，地球科学、宏观生物学都有许多奥秘蕴藏其中。因此，青藏高原的科学研究，对于地球动力学和全球变化科学的发展具有重大的现实意义。

讨论会上，我国科学家阐明了青藏高原隆起后对自然环境的影响，以及高原自然地理环境特点演变与地区间产生的差异。青藏高原在隆升过程中，由于气候变化的影响，使这一地区出现了许多独特的自然现象。高原形成以后，大大改变了大气环流形势，影响所及远达东亚乃至南半球。而高原本身，由于特殊气候条件的作用,形成了不同的自然地带。这些研究成果,为因地制宜地发展高原农牧业生产提供了科学依据;同时还表明,青藏高原是生物资源异常丰富的宝库。

外国科学家听到我国科学家的学术报告后,对我国在短短的20多年时间里,对青藏高原所做的大量工作表示惊讶,对我国科学家所取得的成就表示钦佩。美国地球物理学家莫尔纳说:"我们这些西方的科学家在来到中国前,都以为这次主要是我们向中国同行介绍一些知识。事实则不然,在中国地学家那里学到的远比我们给你们的多得多。"英国气象学家汉米尔顿说:"过去知道你们在青藏高原开展了研究工作,但没有想到有这么大的规划,涉及这么多的专业。这次来中国的确学到不少东西。"西德植物学家史活瑟说:"参加这次讨论会和旅行后,我头脑中原来对西藏的概念要完全改变才行。"他还说,"我接触到的世界的科学家有两类,一类是写写空洞文章的,一类是扎扎实实做研究的,我这次遇到的中国同行是属于后一类的。"

少数科学家参加了会前的科学考察旅行,而在会后则有较多外国科学家到西藏进行了为期14天的科学考察旅行。不少外国科学家以前还认

邓小平(右)接见青藏高原国际科学讨论会代表(左二刘东生)

为我们对青藏高原知之甚少，甚至一无所知。来到大会上，没想到我们中国的科学家能做出那么大的成绩，使他们非常震惊。

这次盛会，自始至终得到中央的亲切关怀，时任中共中央副主席的邓小平同志，亲自出席了大会闭幕式。根据原订计划，小平同志只参加接见和照相，但他听到外国科学家对中国学者所取得成就的轰动性评价后，兴奋不已，当即决定与到会科学家共进晚宴。

大会结束后，小平同志专门接见了刘东生等中国科学家。在接见大会上，刘东生汇报有外国学者想在西藏考察时采集一些岩石标本带回去研究，他们不知道该如何处理此事，请示可否允许。

小平同志爽朗地说："我们的大山还在那里嘛！"意思就是说我国还有整座大山在那里，并不会因为被人家采点标本去研究就损失了什么。

小平同志如此回答既诙谐又明确，蕴含着深刻含义，让刘东生及所有到会的科学家们敬佩不已。小平同志虽然不是搞自然科学工作的，但是他懂科学，有博大的胸襟及解放的思想，站得高，看得远，显示了国人的自信与气魄。也从侧面显示出小平同志对科技工作的重视和支持。科学是没有国界的。过去年代的闭关锁国，给中外科学家造成了太多人为的限制和枷锁，是时候全面打破一些条条框框了。听了小平同志的指示后，刘东生他们很快研究制定了外宾在中国采集标本的有关规定和办法，满足了外宾的愿望。

紧接着，刘东生还汇报了在西藏发现半野生小麦的事，希望通过科学考察，使西藏农业生产来一次重大变革。小平同志却说:"还是不要轻易改变人家原来的东西,我国科学家的任务,就是要通过研究了解西藏,并在其原有基础上,按自身固有的规律,自主创新地向前发展。"刘东生听了不住地点头,深受启发,这也真正应验了我国环境保护课题中的"人按照自然界固有的规律,与自然界和谐地共同发展"的观点,科学家的工作是发现自然规律,遵守自然规律而不是改变和破坏它。邓小平的那句"我国人民要为科学家做好后勤工作",也让大家看到了国家和人民对科学事业发展的支持,使刘东生感动不已。也是从这时起,青藏高原研究开始冲出国门,走向世界,我国的青藏高原科学考察工作始终保持走在世界的前沿。

大会结束后,会务人员组织大家到青海、西藏考察旅行和采集石头样本。在这些外国科学家看来,在中国青藏高原采集石头的意义主要还不是为了研究,更大的意义在于闭关自守的中国第一次邀请他们来参加在中国举办的青藏高原科学讨论会,他们要以此纪念这一难忘的时刻。有一位法国科学家就非常自豪地说:"我是历史上第一个来中国采集标本的法国人!"考察途中还发生了一件事情,说明了小平同志对这次会议的重视程度。

当时,刘东生与参加会后科学考察旅行的中外科学家一行到了西藏日喀则,再往前走就要穿越喜马拉雅山,可以看到圣洁的雪山、冰川和珍奇的动植物了。正值六月初,西藏已进入雨季,前方由于大面积塌方,公路交通完全中断了。外宾们闻听公路过不去,情绪激动,纷纷嚷开了:"我已与尼泊尔王国国王比兰德拉联系好了时间见面会谈……""我还有重要的会议,若不能如期到尼泊尔加德满都转机,就可能耽误会议……"还有一

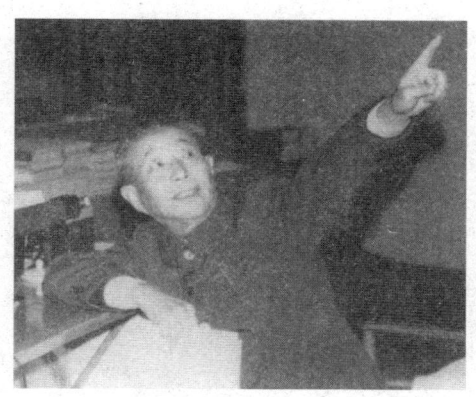

刘东生在申报国家奖项目成果汇报会上

些外国科学家也议论纷纷,问询是否先回北京再辗转回国。刘东生等中国科学家也着急地考虑下一步到底怎么解决。

他们很快汇报到中国科学院国际合作局,方均同志马上报告了小平同志。小平同志立即作了批示,必要时命令空军派飞机支援,以保证大家穿越喜马拉雅山,顺利完成青藏高原科学考察。好在第二天,前方公路塌方地段就被抢修好了,车队很快在工人们的保护之下得以顺利通过。过了危险区,中外科学家沿中尼(泊尔)公路行至中尼边界的友谊桥,不少外国科学家和中国科学家依依不舍地告别。会议期间,中外科学家结下了深厚的友谊,很多中外科学家亲切地握手、拥抱,甚至流下了惜别的泪水。

这次会议,在中国地质科学发展史上写下了光辉的一页,在刘东生的心里也留下了永恒的记忆。会后,刘东生又参加了会议论文集的编纂,最后出版了两大本英文的论文集,作为大会的记录留给后世。这次大会上,中外科学家结下了深厚的友谊,拓宽了今后国际合作、协同攻关的渠道。

1980年,应瑞士地质学家邀请,刘东生到瑞士做访问研究,用古地磁研究黄土。地球的磁极在地质历史时期曾发生过多次倒转,地质学家建立了一个标准地磁年表,通过古地磁来确定地层的年龄。在研究中他发现了磁化率在黄土和古土壤中的不同。黄土的磁化率代表了黄土形成时的气候,古土壤的磁化率代表了古土壤形成时的气候。黄土层中磁化率的多旋回证实了过去肉眼看到的气候变化"多旋回",这时黄土又与气候联系在一起了,黄土记载了气候变化,刘东生说这是他在瑞士半年多的时间里得出的结果。根据这一研究,他和同事重建了250万年以来环境变迁的历史,并发现了黄土序列土层的磁化率曲线与深海沉积的氧同位素的一致性,黄土从此成为全球气候变化的三大对比标准之一。

1980年底,刘东生当选为中国科学院学部委员(院士)。

第二十八章
国际第四纪研究联合会掌门人

在改革开放初期,随着第四纪研究工作的恢复,中国第四纪研究委员会也于1979年恢复了正常活动。1982年,我国正式加入国际第四纪研究联合会(INQUA)。在会上,已是中国科学院院士的刘东生以令人瞩目的成就当选为会议副主席。1991年,在我国举办的第13届INQUA会议上,刘东生被推选为大会主席,成为世界第四纪科学的领袖人物,并执掌大会长达17年之久。而中国从1961年开始以非正式成员国的身份参加第六届INQUA会议,到1982年正式加入INQUA,期间因为各种原因经过了21年的漫长历程,而中国刚加入INQUA,刘东生就被选为副主席,也充分说明了我国第四纪科学研究的厚积薄发、积蕴深厚,在国际上受到重视也是水到渠成的事情。

1987年7月31日到8月9日,第12届INQUA会议在加拿大渥太华召开，刘东生率中国代表团出席了会议。在这次会议上，他连选连任大会副主席，并且积极活动，争取到了第13届INQUA会议在中国北京召开的机会。这也是我国第四纪研究委员会精心安排部署的，由他在会上提出来，当时的竞争对手是荷兰、比利时、卢森堡三国。特别是荷兰有较标准的第四纪地层剖面，在年代学及第四纪下限的研究

刘东生与文启忠（左）、李华梅（右）参加XI INQUA大会期间在莫斯科

上占有优势。这三国都是INQUA会议的资深会员国了，有良好的人脉资源和活动能力。而我国科学家凭借第四纪研究的强大实力，展示了近期的研究成果。刘东生还特别提到INQUA会议还从来没有在亚洲大陆召开过，这一点是非常重要的优势，但竞争还是十分激烈。投票后，中国仅以一票的微弱优势险胜，赢得了第13届INQUA会议的主办权。

从加拿大回来，刘东生全力以赴地投入到第13届INQUA会议的筹备工作之中。因为有了1979年—1981年组织青藏高原国际科学讨论会工作的成功经验，所以这次会议筹备工作进展得很顺利。1991年8月2日—9日，第13届INQUA会议在北京亚运村国际会议中心胜利召开。这是INQUA在中国以及

亚洲首次举行的会议,与会的各国代表共达 1000 多人。

刘东生在大会上作了长篇学术报告。按照 INQUA 的章程规定,副主席可以连任两届,刘东生已连任了第 11 届、12 届副主席,到了第 13 届,如果选不上主席,就要离职了。以刘东生当时的国际威望和学术实力,国内代表都期盼推举刘东生为主席。但当选主席体现了国家的国际影响力和科技实力,竞争也是十分激烈。

以色列的代表雅龙教授游说刘东生:"我们可以在国际学术团体中给您找到更好的位置,您是否可以把竞选 INQUA 主席一职的空缺给让出来?您最好能支持推选澳大利亚的鲍勒教授担任主席,以前还没有南半球的科学家担任过这项职务。"

在事关我国科学界声誉的大是大非问题上,刘东生丝毫不含糊,当即就明确表示:"亚洲也是很重要的。亚洲的科学家以前也没有人担任过此项职务。我作为候选人是由中国第四纪研究委员会选出的,我个人无权改变这一决定。"与会的很多代表都赞成刘东生当选为主席,眼看大势所趋,在执委会开会的关键时刻,鲍勒教授站起来慷慨表态:"这次会议东道国的刘东生教授成就很

刘东生在 XⅢ INQUA 大会上致开幕词

大,他担任主席最合适。"就这样,实至名归,刘东生以压倒多数的优势当选为第 13 届 INQUA 执委会主席。这是中国第四纪科学完全走向世界的成功标志。

当上主席后,刘东生回顾他与 INQUA 的渊源:我国 1979 年申请加入 INQUA;1982 年第 11 届 INQUA 会议上被批准为 INQUA 成员,当选为副主席;1987 年第 12 届 INQUA 会议上,他连任副主席,还争得了我国对第 13 届 INQUA 会议的承办权;在 1991 年我国主办的、历史上最成功的第 13 届 INQUA 会议上,他又当选为主席,成为世界第四纪科学的掌门人。12 年间,可谓一步一个脚印,一步一个台阶。这是我国第四纪科学 30 多年艰苦奋斗取得辉煌成就积累下了深厚的底蕴所致。刘东生于 1982 年、1987 年担任第 11、12 届 INQUA 副主席;1991 年担任第 13 届 INQUA 主席;1995 年—1999 年作为前主席留在执委会。

刘东生在 INQUA 执委会长达 17 年的工作中,为全世界第四纪科学的充分交流与合作做出了卓越的贡献。

好事成双。这一年,刘东生又当选为第三世界科学院院士。机会总是留给有准备的人,这说法在刘东生那里再次得到了印证。

第二十九章
三极探险

年少时每个人都有一个梦,那就是要到达世界上的绝险之处,以英雄的姿态征服自然。科学探险,既是人类对科学的探索,又是人对自身极限的挑战。试想有多少人能真正地体验过世界三极的风光。刘东生是何其幸运,中国科学探险协会成立时即担任主席,他不仅随着科考队对地球的三极——南极、北极和珠穆朗玛峰进行实地考察,而且将自己毕生所学与三极的奇异风光结合,取得了科学上的重大发现。

刘东生早年就对珠穆朗玛峰的地质和全球气候进行过细致的考察和研究,他以黄土研究为基础,拓展到对地球最高峰的研究,他在科学上的成就似乎也像珠峰一样达到了顶峰。事实上,刘东生的科研之路远远没有止尽,他从来没有停下科学研究的脚步。1991年,刘东生为了国家"八五"计划中的攻关项目"南极更新世晚期环境演变"这一课题的实施,亲自踏上了南极科学考察的新征途。这次科考活动对于74岁高龄的他来说意义非凡。他年事已高,早该尽享清福,人生的馈赠都摆在他的面前,换作一般人,早就有退隐之心。可是,刘东生有着一颗永不停歇的科学家的年轻的心。

起初,科考队考虑到了刘东生的年龄毕竟已达古稀之年,害怕他的身体承受不了南极的恶劣气候,不怎么"欢迎"他的加盟。而他却对自己的身体信心十足,不惜给自己进行激情"游说"。他在地学界的影响力也让他所向披靡,也就心愿得偿愉快成行了。以至于后来有人开玩笑地说,刘老这次是作为"偷渡客"去的南极啊。但只有刘东生自己更加明白,在中国的黄土研究之后,他更想解开埋藏在他的心中的长久之谜——极地冰芯研究对全球变化影响的特点。

冰雪南极,地球最南端的神秘大陆,令无数人向往的地方。11月,刘东生来到了南极的乔治王岛,以中国南极长城站为基地,进行了为期两个多月的科学考察。南极洲的气候特点是酷寒、烈风和干燥。只是他们抵达时正值南极的夏季,夏季的长城站,天气并不是想象中的那么冷,大多数时间还能说得上是暖和的。但是南极的气候是善变的,五分钟前还是风和日丽,五

刘东生踏上南极大地,在长城站工作两个多月

分钟后可能就是飞沙走石,早晚最大温差能达到十几摄氏度。南极洲仅有一些来自其他大陆的科学考察人员和捕鲸队,南极洲最具特色的是没有土著居民,也没有发现任何古人类活动的痕迹。靠当地的自然资源与环境,人类无法在南极生存。

  刘东生此时已经到了古稀之年,可是对于一个科研工作者来说,却正是科学研究的黄金时代。他站在冰原无际的南极,惊奇地看着一些巨大的浮冰躺在湛蓝的海面上,它们是那样的洁白无瑕,在洋流的作用下,缓缓地漂移着。大的冰山只在海面上露出一角,阳光下晶莹剔透,姿态万千。一些海豹会爬到浮冰上玩耍嬉戏。刘东生的内心世界里涌动着无限的情愫和遐想,他仿佛又回到了儿时,和小伙伴一起在森林里面玩捉迷藏,大自然也变成了一个调皮的孩子,只有像刘东生这样的富有科学进取之心和执着探索意识的科学家才能真正感受到大自然的回应。

  接近 11 月底,南极的极昼到来了,太阳到了晚上也不落下,只是在天边斜挂着。刘东生在中国南极长城站的那段时间里,每天都冒着大风,在永久冻土地带的多边形土、石环周围的粗糙石头上,为研究南极的第四纪地质孜孜不倦地工作着。当他们完成任务,凯旋后,刘东生回味那段生活时,还轻松自如地说:"南极虽然寒冷,风也大,走路也累,环境艰苦,但是人们在那里从来不会生病,不得感冒,因为寒冷低温消毒之下没有细菌、病毒。"他始终寻觅和渴盼着征程中的别样风景,在人迹罕至的极地体会着开拓和探索的喜悦。

  南极的壮美景致也更加激发了刘东生对北极探秘的欲望。1996 年 8 月上旬至中旬,刘东生出席了在北京召开的第 30 届国际地质大会后,于18日到达地处北纬78°的挪威所属,位于北冰洋上的斯瓦尔巴群岛的卑尔根。

每年的七八月份是北极的夏天。在每一个夏

刘东生在北极圈内的挪威斯瓦尔巴群岛考察

季里,阳光融化了北冰洋上数百万平方千米的海冰,洋面上漂浮着大块的浮冰。24日,他由一名学生陪同考察了当地的一号冰川。那位学生多次要搀扶这位79岁的老科学家,都被刘东生婉谢了。他凭着多年野外工作、登高探险的经验,顺利地爬上了著名的一号冰川。他们考察了冰川及其周围的地形地貌,并采集了一些化石样本,采集到的资料和样本将与我国青藏高原的生态环境系统进行对比研究。27日上午,刘东生应邀在尤尼斯大学作了学术报告。他讲了从中国黄土沉积物来反演20万年以来全球气候环境的变化,受到热烈欢迎。好几位挪威教授说"刘教授的研究工作是创举!""刘教授如此高龄,思维和英语表达还如此清楚,佩服!"

南北极强烈的对比,使刘东生看到了两地差异的悬殊。尽管他去那里的时候,选择了南极的夏季,但眺望纳尔逊冰盖,地处南纬62°12′的南极乔治王岛,仍然是冰封一片。而地处北纬78°13′的斯瓦尔巴群岛,地面上却长着茵茵的小草,艳丽的野花在微风中摇曳。作为古环境研究学者,刘东生更关心欧美冰川学家刚刚完成的在格陵兰冰盖上钻取冰岩芯的情况。古气候信息储存的方式是多种多样的,南北极的积冰便是载体之一。为此,科学家在格陵兰冰盖钻取了深达3000米的冰岩芯。他认为,这个科研成就是巨大的,人们由此可以追溯20余万年前的气候状况,从中找出演化规律,推导今后的气候变化。

几年后,刘东生和一位研究火星地质状况的美国同行进行学术交流时发现,卫星照片上的火星竟有和北极地区的永冻土地极其相似的地区。火星上下雪的情形和北极地区降雪的景象也非常接近,他说:"可以说,对北极地区的研究也关系到科学家对其他星球的探索。"

这次中国科学家通过对北极地区进行大规模、连续的科学考察,对北极地区的气候、环境、资源状况有了一个比较综合的了解。通过建设科考站,使得中国人对北极进行较长时间的科学研究和监测成为可能,同时也有助于积累在北极地区进行科学活动的经验,为未来中国在该地区建设永久性科学考察站奠定了基础。

刘东生是科学研究的幸运儿,他亲身体验了地球三极的奇妙风光和地质与环境的变迁研究。幸运从来都只是眷顾那些有准备的人,正是为了实现儿时的梦想和完成世人难以想象的科学研究的壮举,才让刘东生的人生如此辉煌。孔子曾说过:"朝闻道夕死可矣"。人类生生不息的动力就来自于这股不服输和不气馁的勇气和探索精神。《山海经》里描写了一个为了探索自然奥秘而献身的夸父的形象,他以大无畏的勇气逐日而走,最后力竭而死,这个形象就是对人类巨大的力量和气魄的反映。

人类和自然之间的关系就像是一个永远无法彻底解开的谜团，一代代人中总要有一些无私奉献、敢于献身的英雄来实现这一壮举。刘东生的人生就很好地诠释了人类的这种来自远古时代的不懈努力的力量，正是这股力量激励着一代代人不断前行。

1996年，刘东生当选为欧亚科学院院士。1998年，他又成为中国科学院资深院士。在1997年2月举行的中国科学探险协会第二次会员代表大会上，刘东生再次连任主席。在2001年纪念中国科学探险考察50年时，他热情地撰文，回顾中国科学探险取得的重大成就，深情赞扬立下丰功伟绩的英雄志士。他总结了科学探险的两点精髓：一是在科学上，发现未知，增强人类对自然的认识，为社会发展解决生活中和现实中存在的问题服务，如青藏高原科学考察；二是在精神上，鼓舞人们集体地敢于攀登高峰、勇于克服困难、志在必胜的精神，排除无谓冒险，如中国历次的珠穆朗玛峰登山活动和登山科学考察。在2003年中国科学探险协会的第三次会员代表大会上，刘东生成为名誉主席。

第三十章
获泰勒(Tyler)国际环境成就奖

在世界科学评价体系中,诺贝尔奖的获得者是大家一致公认的世界顶尖级科学家。然而,诺贝尔奖中属于自然科学的只有三种:物理奖、化学奖和生理学或医学奖。这只包括了自然科学中的一部分。为了补偿这种不足,以后相继出现了很多关于数学、天文、生物、地球科学的奖项,其中就有泰勒环境成就奖。这个奖是已故美国关心环境科学的企业家约翰·泰勒(John Taylor)与爱丽丝·泰勒(Alice Taylor)夫妇于1973年设立的,授予对发现和解决世界范围的环境问题做出重大贡献的科学家,自1974年起每年评选一次。

2002年4月1日,管理该奖项的美国洛杉矶南加州大学宣布,当年的该奖项由美国哥伦比亚大学教授华莱士·布洛克和中国科学院资深院士、中国科学院地质与地球物理研究所研究员刘东生共同获得。这是此奖项设立 20 多年来首次颁给从事古环境研究的专家。这也是中国科学家首次获得可以和诺贝尔奖媲美的世界科学最高奖。刘东生获得此项国际大奖,主要由于他在认识和运用中国黄土沉积研究古气候并了解全球性环境变化方面的开创性成就,也因为他领导的环境地质、地方病病因研究等方面的重大功绩。中国的科学研究整体上得到了国际的公认,因为环境问题和其他学科不同,需要整个社会各方

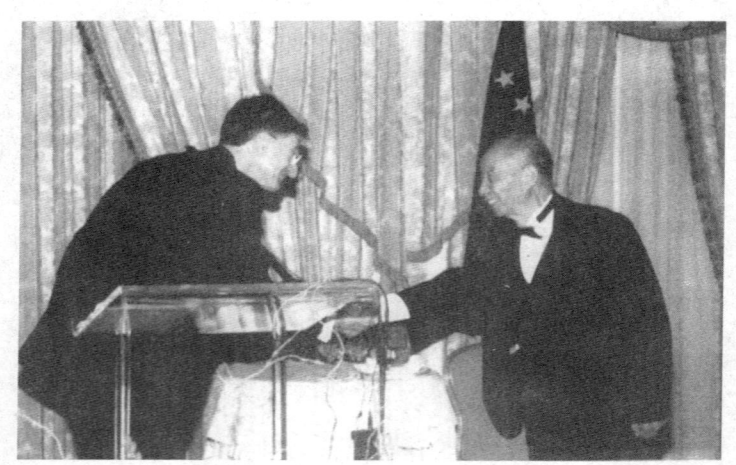

泰勒奖执委 Joel Cohen(左)向刘东生(右)颁奖

面的高水平基础。不但如此,他的研究还跨越环境医学、环境地球化学、环境考古学、高山科考和极地科考等领域。

2002 年 4 月 9 日下午,刘东生与夫人胡长康乘飞机抵达了洛杉矶,准备参加颁奖典礼。顾不上倒时差,第二天上午,在南加州大学电视系摄影棚内,刘东生和与他一同荣获泰勒环境成就奖的哥伦比亚大学教授华莱士·布洛克共同接受了该系师生的现场采访。两位获奖者是老朋友了,这次又一同获奖,心情都

十分兴奋。寒暄过后,开始采访。首先是布洛克回答了关于全球二氧化碳排放等问题。之后,轮到了刘东生,美国大学生们显然是有准备的,他们问了关于"中国黄土研究的现状如何?""克山病的研究与防治情况怎样?"等问题,都被刘东生轻松熟练地作答,赢得一片掌声,此次采访在当地电视台做了直播。

4月11日上午,刘东生第一次和泰勒环境成就奖组委会的委员们见了面。这些委员们大多数是来自南加州大学、哈佛大学等名校。当天下午,按照事先安排举行了一场别开生面的学术报告会,环境科学领域内的科学大师们欢聚一堂。到刘东生作报告时,他用略带诙谐的生动语言,谈到了中国黄土与环境科学研究的艰苦历程,青藏高原和黄土高原研究的连续性,中国黄土研究对世界环境科学的贡献以及未来发展趋势等等,数据翔实,条理清晰,言简意赅,紧紧地抓住了听众的心,自然是再次获得了阵阵雷鸣般的掌声。

4月12日傍晚,颁奖典礼如期举行,刘东生和华莱士·布洛克站在泰勒环境成就奖的领奖台上。当印着泰勒夫妇头像的金质奖牌挂到刘东生胸前时,会场上响起了经久不息的掌声。

之前,评审委员会成员科恩教授为刘东生宣读了颁奖词:

"正如人类文明的兴衰更

颁奖典礼上,刘东生致词

替为我们留下了浩如烟海的历史遗痕,自然界沧海桑田的环境变化也在地球上刻下了三本完整的历史大书:一本是完整保存古环境变化信息的深海沉积,一本是系统反映气候变化的极地冰川,而第三本书则是中国的黄土沉积。这三本书是我们认识地球上自然历史、气候、生物变迁的最佳文献档案。"

泰勒奖环境奖的颁奖词中说:"刘东生被认为是中国黄土序列的古环境研究之父。"但是刘东生却明确表示自己不是中国黄土研究之父,因为他的老师杨钟健等研究者从 20 世纪 30 年代即开始了中国黄土的研究。在泰勒奖的颁奖演讲中,刘东生特别提到了安芷生、丁仲礼和郭正堂等优秀的中青年学者,称赞他们坚持不懈,做出了出色成绩。在刘东生的心中,这块奖牌分量很重,它不仅仅属于他个人,更是代表着勇敢智慧的中国科学家对科学之路顽强的锲而不舍的求索所取得的世界顶级的科学成就,代表着数十年如一日地和他共同奋斗的中国科学家集体所共同获得的国际荣誉。

刘东生获"泰勒环境奖"后,他还惦念着 60 多年前的恩师,回国后,他首先去给 102 岁的王恒升院士报喜。王恒升既是他在西南联大时的老师,又是当年中央地质调查所的同事。他在西南联大的老师当时也只有王老先生仍然健在,只是记忆有些模糊,但刘东生还是执弟子礼,毕恭毕敬地把证书展开,捧给王老先生看,并且深深鞠躬感谢业师的培育之恩。可以说,贯穿了他一生的,是诚诚恳恳、谦虚谨慎的人品风范。

刘东生曾经回忆说:"如果没有李四光、杨钟健、侯德封等老一辈地质学家对自己的耳提面命,没有他们的传道授业解惑,自己也许不会在地质学的大道上走这么远。而在西南联大

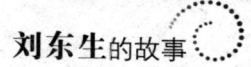

学习时,闻一多、朱自清等一代大师们的道德文章,也使我终生受益。除了业师之外,还有其他老师,他们的工作给了我很好的准备。"而同样的,他又把自己从前辈那里汲取的营养,再毫无保留地传递给他的弟子们。

第三十一章
获国家最高科技奖

如果把人生比作一场旅程,那些途中的感悟和体验就是路上的风景。在刘东生大半生的旅程中,大部分是与黄土、高山、大漠、湖泊、河流为伴,其中有常人难以企及的激动人心的自然异象,更多的是严寒酷暑的煎熬和孤独寂寞的考验。刘东生的人生风景就是在无数狂喜和痛苦的陪伴下不断变换,而这充满奇异风景的科研之旅他一走就是70年。

2004年2月20日这一天,刘东生的人生旅途迎来了最亮丽的风景。他荣获了2003年度国家最高科学技术奖,并被评为2004年感动中国人物。国家最高科技奖是中国科学界的最高奖项,以其权威性和高达500万元人民币的奖金引起海内外的极大关注。荣获中国科学界的最高奖项是对刘东生穷其一生,不畏艰辛,勇攀科学高峰的人生追求的肯定,也是对他的科学研究成果推动世界地质科学发展的奖赏。孔子曰"七十而从心所欲,不逾矩"。在孔子看来,人真正的专业学习从十几岁开始,七十岁达到顶点。孔子说的"从心所欲"的人生境界只是个理想,古往今来又有几个人能够真正实现。在辽阔的星空中,刘东生是少数几个最亮的星辰,他穷其一生实现了"从心所欲"的境界,也达到了事业的顶峰。刘东生长期奋斗在地球科学领域,他在中国黄土的研究中对全球环境变化的一系列重大理论问题做出了重要贡献,使我国第四纪地质学与环境地质学居于国际地球科学前沿。杜甫当年在登上泰山后发出"会当凌绝顶,一览

胡锦涛在颁奖典礼上与刘东生(右)、王永志(左)合影

众山小"的豪情,刘东生则站在国际地球科学的顶端,将科学研究的难题踩在脚下,不辱使命,成就斐然。

2004年8月,地学界举行刘东生学术思想座谈会,全国各地的第四纪科学工作者们都表示热烈欢迎和祝贺,与会专家对

刘东生的科研成果进行总结和赞扬。古人形容一个人的藏书众多常用"汗牛充栋"这个成语,有时也用来形容一个人成果斐然。那让我们来盘点一下刘东生的研究成果:在国内发表论文数百篇、编著学术专著10余部、还撰写了14卷科考报告,并因其学术研究而获得了中国科学院一等奖、国家科委自然科学一等奖、中国自然科学进步奖以及陈嘉庚奖、何梁何利奖、竺可桢奖、李四光奖、中华绿色科技奖特别奖等多项奖励。他虽然年事已高,但仍领导、参与多项国家攻关、攀登计划和国家自然科学基金重大项目的研究工作,带领中青年科学家继续向世界地球科学和环境科学的高峰攀登,并主持"我国干旱半干旱地区15万年来环境演变的动态过程和发展趋势"的重大基金课题及"南极晚更新世以来气候与环境演变及现代背景的研究"等项目。

刘东生的科学成果是他人生风景中最美的花朵,其中蕴藏着创新之美、发现之美。古希腊著名美学家柏拉图当年曾说过,"美是难的"。毛泽东同志也曾在诗中写道"无限风光在险峰",在看似恶劣的自然条件下往往蕴藏着巨大的美。刘东生从上世纪50年代开始,历经50余载在黄土高原完成了10条大剖面的野外考察,在综合研究黄土区域地层特点、沉积特征的空间变化、化学组成和矿物组成基础上,确立了从粉尘的搬运、沉积过程到后生演化的一整套完整的黄土新"风成"理论,在国际上获得广泛的接受,平息了上百年困扰科学界的黄土"风成"论与"水成"论之争。

他还通过黄土—古土壤序列的研究,发现黄土和古土壤分别代表寒冷干旱暖湿的气候特点,黄土剖面由许多黄土与古土壤交替而形成,最多可达30多次,反映了第四纪环境变化的多旋回特点,就向主导了20世纪前半期古气候学的彭克和吕克纳提出的四次冰期理论提出了挑战,最终建立了第四纪古环境演化的多旋回理论。

他通过对黄土剖面的系统研究,重建了第四纪260万年以来环境演变的历史,成为迄今全球唯一完整的陆地沉积记录,并可以很好地与深海沉积岩地冰芯的记录对比,建立了全球变化的国际对比标准。

绝美之处往往是奇险之处,需要超越常人的毅力和勇气,更需要一双善于发现的眼睛。刘东生的研究从黄土出发,研究领域遍及地球科学的各个方面。

他还作为高山科学考察的组织者和领导者,对青藏高原的希夏邦马峰、珠穆朗玛峰、托木尔峰及南迦巴瓦峰等地区进行了大规模的科学考察,对高山栎的发现与青藏高原的隆起、雅鲁藏布江缝合线的发现和印度板块与欧亚板块的碰撞,以及三趾马化石的发现与古环境演变之研究做出了重要贡献。他于1966年提出了"青藏高原的隆起对自然环境及人类活动的影响"的研究方向,把青藏高原与黄土高原的研究有机结合起来,把地球固体岩石圈的演化与地球表层圈的演化结合起来,把内营力地质作用与外营力地质作用的演化结合起来,从而开辟了地球系统科学的新的研究领域。这一重要指导思想使我国青藏高原研究迅速走向国际前沿。他与中国科学院院士施雅风、孙鸿烈、郑度等学者经过长期努力,将这一地球系统科学的概念发展成为地球第三极科学观——青藏高原地球系统科学观。

面对地学界同仁的高度赞誉,刘东生引用了一句爱因斯坦

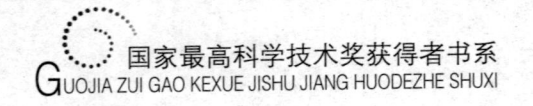

的原话作为注解:"对于大自然最微末的部分我也只能谦逊地跟随而已。"他谦逊地说:"虽说我取得了一些成绩,但我知道这又是大家齐心用力的结果,我个人却得到国家如此大的褒奖,我感觉到只能尽有生之力继续前行,为我国的地质事业做更多事,才不辜负国家和人民寄予的厚望!"是啊,人生的旅程和漫长的科学研究相比,终究是短暂而渺小的,而科学研究的脚步却是没有止境的。刘东生不仅走出了中国地球科学研究的新路径,同时也为后人指明了一条通向科学王国的必由之路,那就是不畏艰险,执着追求,发现创新,从心所欲。

第三十二章
罗布泊传奇——
征途未有止境

　　罗布泊是中国第二大盐湖,在蒙语中意为多水汇集之湖。罗布泊位于巴音郭楞蒙古族自治州若羌县东北部,塔里木地块东部。长轴呈东西方向延伸,面积五千多平方千米。这块土地十分神奇,中外众多的历史地质科学家的深入勘探,让这里充满一种神秘感。古往今来传说纷纭,这里曾是古楼兰国的所在地,这个古老国度曾经有过十分发达的古代文明,后来却奇迹般地消失无踪。有人认定罗布泊是UFO外星人在地球建的基地,有人将罗布泊称为"死亡的湖",这里的确发生了一些难以解释的死亡现象。在这里也曾发生过许多起原因不明的失踪事件,正是这里发生的很多奇异现象似乎很难用人类文明来解释,才愈发给这片土地蒙上了一层神秘面纱。
　　科学研究的任务之一就是解密。曾经有过几支科学考察队对罗布泊的环境和地质进行分析考察。清代,阿弥达就深入湖区进行考察,在他所撰写的《河源纪略》卷九中有这样的记载:"罗布卓尔为西域巨泽,合受偏西众山水,共六十支,绵地五千,经流四千五百里……"意大利商人马可·波罗、俄国探险家 H. M. 普尔热瓦尔斯基、瑞典地理学家斯文·赫汀、美国人哥丁顿、英国人斯坦因、日本人桔瑞超和法国人邦瓦洛等都考察过罗布泊,并留下精彩的描写。这些考察虽然也取得一些成果和结论,可是受当时诸多条件限制,罗布泊的神秘面纱还是最终没有被真正揭开。

新中国成立后,我国科考工作者对罗布泊地区进行了两次较大规模考察,一次是 1959 年由中国科学院组织的新疆综合考察队,另一次是 1980 年—1981 年由中国科学院新疆分院组织的罗布泊考察队,对湖区地貌、水文、生物、地球化学、土壤等进行调查,包括罗布泊洼地的形成和演变,以及楼兰古城和古代丝绸之路的兴衰等都取得丰硕科研成果。可是,对于罗布泊的地质水文之谜以及古楼兰国的兴衰却无法给出系统的深层次的解释。特别是在 1980 年的考察中,科学家彭加木在外出寻找水源中于库木库都克地区遇

刘东生夫妇在楼兰遗址前

难，为罗布泊地区的科研事业献出了珍贵的生命。这是一块有待研究的土地，对这里的考察不仅需要高超的现代科技手段，还需要大无畏的科学献身精神。

出于对罗布泊地质特征的强烈好奇，2004年9月，刘东生又踏上了新的征途。他应邀与夫人胡长康一同去新疆罗布泊地区从事考察。这支由中国科学院新疆生物地理研究所等单位组成的科学考察队由29位科学家组成，涉及地质、地貌、环境、生态、考古等15个学科，从事新疆罗布泊地区环境变迁等多个谜团破解的考察工作，刘东生此次担任的是中国科学院罗布泊科学考察队的学术顾问。

罗布泊在历史上曾发生过几次大的水文变化，经历了由干旱到丰水，又再次干旱，甚至一度干涸的情况。更为奇特的是，罗布泊还经历了曾经由咸水湖变为微咸水，一度成为淡水湖，然后又变回咸水湖的神奇演变过程，令人十分迷惑不解。

罗布泊从地理位置上说位于中国和亚洲大陆的干旱中心，塔里木盆地积水和积盐中心，沙漠分布和风沙活动中心，古代人类文明活动中心。罗布泊的神奇地质特征引起了刘东生高度的重视，他曾说过："罗布泊，是一个地质学的实验室，第四纪地质的许多科学问题，都可以在这里得到满意的答案。"正是在这股科学研究的冲动的激励之下，9月2日，刘东生一行从巴音郭楞蒙古族自治州的库尔勒出发，向东南经塔里木河下游的英苏村，到达阿尔金山北麓的若羌，再向东北进入罗布泊地区，考察了干涸的湖底、湖岸、龙城雅丹地貌、古楼兰遗址等地。9月12日，他们到达乌鲁木齐，行程3000多千米。通过认真的科学考察与分析，他们认为塔里木河下游及罗布泊地区近年生态恶化的主要原因是人为因素造成的。由于对塔里木河的过度开垦拓荒，导致了下游很多地区的河流湖泊断流。这就推翻了世界科学界一直认定的罗布泊是个"游移湖"的说法。

通过罗布泊的地质钻探，科考队发现罗布泊是1961年—1964年间迅速消失的，这十分符合干旱地区湖泊生成消失的理论特征。作为我国第二个面积最大的雅丹地貌分布区，罗布泊北部、东部和西部分布着约3000平方千米的雅丹地貌。雅丹地貌的形成不仅只有风吹蚀一种类型，而是有以风的吹蚀作用为主，以流水的侵蚀作用为主，以及在流水作用的基础上，再经风的吹蚀作用而形成的三种类型，彻底改变了多年来世界科学界对雅丹地貌形成的理论观点。科考队通过对各种数据和历史现象的研究，认定楼兰消失的主要原因是道路不通而造成的"路断城空"。由于新城的不断出现，导致楼兰古城的联系外界的战略地位不断下降，后由于道路毁坏，城市也随之消亡。

科考队的发现震惊了全世界，这次考察活动全体人员都付出了艰苦的劳动。酷暑、干旱、风沙等不利自然因素时时威胁着科考队员的生命安全，挑战着科考队员的身体忍受极限。有一天，科学考察队连续十多个小时坐车，在布满干涸盐壳道路上行程三百多千米，因为一路颠簸，大家身子像散了架似的难受，许多中青年科学考察队员都疲惫不堪。此时刘东生已经是近90岁的高龄，大家关心地问他累不累，他说："一路上，哪个地方我都是第一次来，都很新奇，一路上都是在学习，把累都忘下了。"他的手里还时时捧着一个速写本，遇到他感觉需要记录的，就在上面写写画画，标注位置和日期。他解释说："我这是受到著名的瑞典探险家斯文·赫汀的影响，一路做些速写记录，有助于记忆!"这么多年来,他出野外一直是这样的,是他一种良好的工作习惯。

就这样,他与其他科学考察队员一样,忍受着大漠风沙和高温的挑战。中途休息时,他和年轻人一样啃一口新疆馕,就一口咸菜,有人心疼地问他:"你的身体怎么能受得了呢?"这时,刘东生总是带着一副很陶醉的样子答道:"野外生活就是这样,蛮好的,这种感觉让我很是享受,乐在其中呀!"刘东生的这种孩子般的纯真和执着,深深感染着科考队的每一位成员,一个真正的科学家就是需要有一颗这样的"童心"和"大心",乐别人所不能乐,做别人不能做。

刘东生在这次罗布泊科学考察上第一次使用了便携式光谱仪、大地导电仪(不同深度含盐量测量仪)、卫星全球定位系统等先进设备,他说:"相对于过去地质科学考察的'老三样'(铁锤、罗盘、放大镜),现在的地质科学考察工作已经进入了一个新时代。"刘东生认为,高分辨率测年手段和丰富环境信息载体对第四纪科学研究有其重要意义。

"新楼兰工程"在 2002 年 1 月获准成立,这个"华夏第一镇"以其拥有最大的面积、最小的人口密度、最富的钾盐等资源成为全国之冠。刘东生赠给这个新镇的郭镇长一部由美国带回来的便携式 GPS(全球定位系统)以表祝贺,希望这一过去被认为荒无人烟的大漠变为中西交通、开发和发展史上的一个里程碑,在 GPS 上留下痕迹。

刘东生在罗布泊看日出时,不禁自豪地感叹:"东方文化像日出一样又升起来了。"一位卓越的科学家应该有怎样的风范?那么,在刘东生身上的风范表现可以概括为睿智和好奇。他总是用自己的行动传递出一种气息,那是由科学家的内在品质和精神铸成,这是一种超越于外在的恒定的特质。

或许,后来的人们会发现,中国黄土的数代研究者与他们所研究的黄土年代,都呈现出一个有趣的排列:刘东生对黄土建立了250万年来最完整的陆相古气候记录;刘东生的学生丁仲礼等人把它推到600万年至800万年前;再年轻一辈的郭正堂等人更推到了2200万年前。刘东生在他早期的学生安芷生的协助下,编写了《黄土与环境》专著,共同将中国黄土与深海沉积序列进行了成功的对比,使中国黄土成为全球变化研究的生物气候记录的支柱之一。

正如我们常说的那样,科学研究是一条没有止境的道路,一代代科学工作者都是站在前人的肩膀之上,进行不断地探索和发现,科学研究之路还像是火炬传递,新一代的科学家从前人手中接过火炬踏上征程,在抵达一个目的地之后再将火炬传递给下一个选手。回顾刘东生的科学研究之旅,他从没有将手中的火炬熄灭,而是将最大最美的火炬传给了后来者。

2008年3月6日中午11时52分,刘东生因淋巴癌医治无效在北京去世。刘东生去世后,人们在他的办公室中发现了整整齐齐的300多本日记,其中主要都是工作笔记。正如外界对他的评价:"跨越地球三极雪,解读黄土万卷书"。

2009年3月6日,在中科院地质与地球物理研究所和中国第四纪科学研究会联合举办的刘东生先生逝世一周年纪念大会上,举行了"刘东生星"(58605号小行星)的命名仪式、《纪念刘东生院士》文集和《黄土与干旱环境》的首发式。

刘东生离开了,他不过是又到旷野去做了一次长途科学考

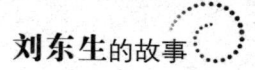

察,他好像从没有离开过心爱的事业,他永远都不会离开他挚爱的祖国大地,他的精神将永远激励更多的为我国科学事业奋发努力的后来者。